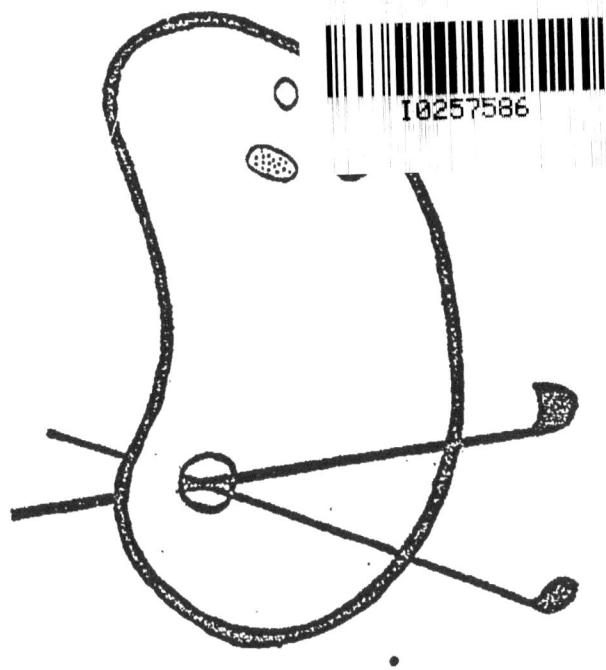

DEBUT D'UNE SERIE DE DOCUMENTS EN COULEUR

Couverture Inférieure manquante

DEUXIÈME ÉDITION

LES DRAMES DU MARIAGE

LA VEUVE
DU
CAISSIER

PAR

XAVIER DE MONTÉPIN

TOME PREMIER

PARIS
E. DENTU, LIBRAIRE-ÉDITEUR
PALAIS-ROYAL, 15-17-19, GALERIE D'ORLÉANS

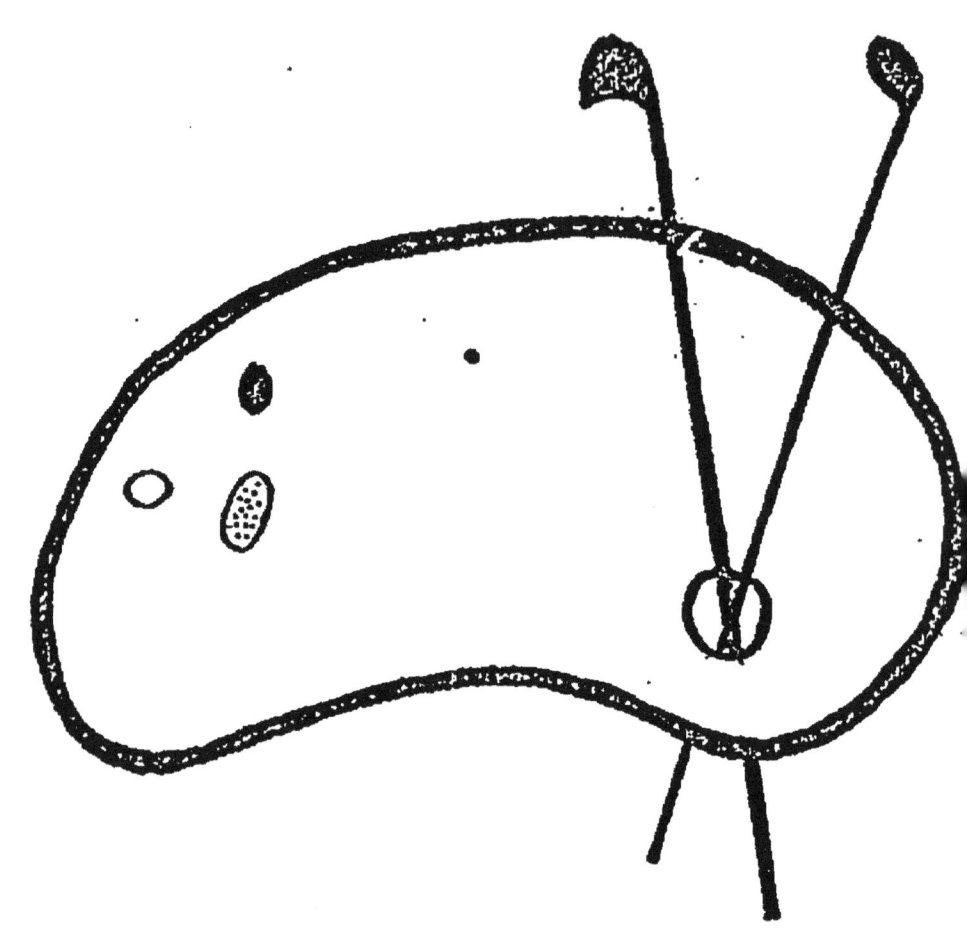

FIN D'UNE SERIE DE DOCUMENTS
EN COULEUR

LA VEUVE

DU

CAISSIER

—

I

LIBRAIRIE DE E. DENTU, ÉDITEUR

OUVRAGES DU MÊME AUTEUR

Collection grand in-18 jésus à 3 francs le volume

LA SORCIÈRE ROUGE, 4ᵉ édition.	3 vol.
LE VENTRILOQUE, 5ᵉ édition.	3 —
LE SECRET DE LA COMTESSE, 5ᵉ édition.	2 —
LA MAITRESSE DU MARI, 5ᵉ édition.	2 —
UNE PASSION, 4ᵉ édition.	1 —
LE MARI DE MARGUERITE, 13ᵉ édition.	3 —
LES TRAGÉDIES DE PARIS, 7ᵉ édition.	4 —
LA VICOMTESSE GERMAINE (suite des *Tragédies de Paris*), 7ᵉ édition	3 —
LE BIGAME, 6ᵉ édition.	2 —
UNE DÉBUTANTE, 3ᵉ édition.	1 —
LA BATARDE, 3ᵉ édition.	2 —
DEUX AMIES DE SAINT-DENIS 2ᵉ édition.	1 —
SA MAJESTÉ L'ARGENT, 1ʳᵉ partie : *Les Filles sans dot*, 5ᵉ édition.	2 —
— — 2ᵉ partie : *La Comtesse de Gordes*, 5ᵉ édition.	2 —
— — 3ᵉ partie : *Les Trois Sœurs*, 5ᵉ édition.	1 —
LES DRAMES DU MARIAGE, 1ʳᵉ partie : *Les Maris de Valentine*.	2 —

SOUS PRESSE :

SON ALTESSE L'AMOUR.
LE MÉDECIN DES FOLLES.
LA MARQUISE CASTELLA.

F. Aureau. — Imprimerie de Lagny.

LES DRAMES DU MARIAGE

LA VEUVE
DU
CAISSIER

PAR

XAVIER DE MONTÉPIN

TOME PREMIER

DEUXIÈME ÉDITION

PARIS

E. DENTU, ÉDITEUR

LIBRAIRE DE LA SOCIÉTÉ DES GENS DE LETTRES

PALAIS-ROYAL, 15-17-19, GALERIE D'ORLÉANS

1878

Tous droits réservés

LES DRAMES DU MARIAGE

LA
VEUVE DU CAISSIER

I

Plusieurs mois s'étaient écoulés depuis le mariage de Valentine.

Le printemps succédait à un hiver très-rude.—Pendant six semaines on avait vu la Seine charrier des glaçons qui, s'agglomérant et se soudant contre les piles du pont de Sèvres, y formaient des banquises en miniature.

Après les grandes gelées étaient venues des pluies torrentielles ; la rivière grossie outre mesure avait roulé ses eaux mugissantes et boueuses entre les berges trop étroites que partout elles menaçaient de franchir, et qu'elles franchissaient par places, défonçant les rues basses des villages riverains.

On devine sans peine à quel point devait être triste, par un pareil hiver et en des conditions si fâcheuses, le séjour de la maison isolée du Bas-Meudon.

Valentine, devenue madame Vogel, habitait cependant toujours cette lugubre demeure où d'après les affirmations d'Hermann, antérieures au mariage il est vrai, elle ne devait passer que quelques semaines, c'est-à-dire le temps strictement nécessaire pour disposer et meubler le *nid coquet* promis à sa fiancée par le caissier de Jacques Lefebvre.

Avril, ce mois charmant où la terre engourdie sort de son long sommeil, égrenait ses premiers beaux jours.

Le printemps s'annonçait comme devant être radieux.

Les brises tièdes du midi remplaçaient l'aigre vent du nord. — Le soleil voilé si longtemps étincelait dans un ciel sans nuage. — Les bourgeons gonflés de séve éclataient, et les embryons de feuillages commençaient à découper sur l'azur leurs dentelles d'un vert tendre, guettées par les hannetons à peine éclos.

Pas une seule fois pendant tout l'hiver la jeune femme n'avait quitté le Bas-Meudon.

Vogel, dont l'imagination se montrait d'une fertilité inépuisable, trouvait des prétextes plausibles pour ne jamais la conduire à Paris.

A deux ou trois reprises, dans les commencements, ayant à faire pour sa sœur et pour elle des emplettes indispensables, elle avait exprimé le désir d'accompagner son mari, sauf à revenir sans lui puisqu'il ne pourrait quitter sa caisse et son grand-livre et la ramener.

N'obtenant rien, elle s'était résignée et ne parlait même plus d'abandonner pendant quelques heures la morne solitude où elle vivait avec la petite Claire.

Une jeune domestique assez intelligente, recommandée à Vogel par maître Roch, suffisait tant bien que mal au service.

Le jardinier Lambert donnait parfois un coup de main pour mettre de l'ordre dans la maison.

Aux débuts de son mariage, Valentine avait pris son parti de l'existence singulièrement monotone qui commençait pour elle.

Un calme profond, succédant aux angoisses et aux terreurs des derniers temps, lui semblait constituer une sorte de bonheur relatif.

Elle n'éprouvait pour Hermann, nous le savons, qu'une affection tranquille, faite d'estime et de reconnaissance, mais elle se croyait tendrement aimée et se disait avec conviction qu'elle venait d'épouser le meilleur des hommes.

Hermann d'ailleurs ne lui donnait alors aucun sujet de plainte.

La jeunesse, la beauté, la douceur de Valentine amollissaient un peu la dure argile de son cœur...

Il n'avait garde de dénouer si vite les cordons du masque hypocrite qui cachait son visage, et il daignait continuer une comédie dans laquelle il excellait.

Bref, Valentine ne fut pas à plaindre d'abord, et la vie lui parut facile.

La grande pièce du premier étage était devenue la chambre conjugale. — Le mobilier du chalet de la rue Mozart et quelques sièges confortables envoyés par Vogel avaient remplacé les vieux meubles acquis en même temps que l'immeuble.

Le portrait de Clotilde de Cernay, placé dans un jour favorable, souriait à sa fille bien-aimée.

Valentine s'était remise à l'aquarelle.

Quand elle se sentait fatiguée de peindre elle faisait répéter à Claire ses leçons, et lui apprenait de son mieux tout ce qu'elle savait elle-même de calcul, d'histoire et de géographie.

Elle travaillait ensuite à quelque ouvrage d'aiguille, puis, comme délassement, lisait deux ou trois chapitres des romans de Walter Scott, achetés sur sa demande par son mari.

Dans ces occupations multiples le temps passait et la jeune femme ne trouvait pas trop longues les heures qui la séparaient du moment où Hermann revenait de Paris pour le dîner.

Certes cette existence uniforme, pour ne pas dire entièrement plate, n'offrait aucun des éléments romanesques de bonheur et d'amour rêvés par les jeunes filles, mais, à défaut de la passion, c'était du moins le repos du cœur, la tranquillité de l'esprit, enfin la quiétude absolue.

Au bout de vingt années d'une existence pareille, une femme engourdie dans sa profonde et paisible torpeur n'a pas vécu, mais n'a jamais souffert...

Sans hésiter nous déclarerions Valentine heureuse si telle eût été sa destinée, et nous écririons avec joie le mot : FIN, au bas de ce récit.

Il ne devait point en être ainsi...

C'était vers la fin de la première semaine du mois d'avril 1859.

Neuf heures du soir venaient de sonner à l'horloge paroissiale du Bas-Meudon.

Une nuit sans lune, mais que des myriades d'étoiles rendaient transparente, étendait ses voiles sur les eaux tranquilles de la Seine et sur ces coteaux charmants qui forment à la grande ville une incomparable ceinture.

Valentine sans lumière était couchée à demi sur une chaise longue dans la chambre du premier étage auprès d'une fenêtre que la température, exceptionnellement douce pour cette époque de l'année, permettait de laisser ouverte.

La forme gracieuse de la jeune femme vêtue d'un peignoir de laine blanche se dessinait vaguement dans la pénombre.

On ne voyait pas son visage. — On entendait seulement le bruit irrégulier de sa respiration agitée.

De temps en temps une de ses petites mains se soulevait pour s'appuyer tantôt sur le côté gauche de sa poitrine et tantôt sur son front.

En bas, dans le jardin, sous les branches entrelacées des marronniers au naissant feuillage, la petite Claire chantait de sa voix fraîche et grêle le refrain d'une vieille ronde enfantine :

« Qu'est-ce qui passe ici si tard,
» Compagnons de la Marjolaine ?...
» Qu'est-ce qui passe ici si tard,
  » Gai, gai,
  » Dessus le quai ?... »

On frappa doucement à la porte.

Valentine tressaillit.

On frappa de nouveau.

— C'est moi, madame... moi, Mariette... — dit la jeune servante depuis le dehors.

— Entrez... — fit madame Vogel.

La porte s'ouvrit.

— Comment, — s'écria Mariette, — madame est sans lumière !... — C'est ça qui n'est pas gai !... A la place de madame, j'aurais peur... — Madame veut-elle que j'allume la lampe ou une bougie ?...

— C'est inutile... — Que me voulez-vous, Mariette ?

— Je viens demander à madame si je peux servir...

— Non, puisque monsieur n'est pas rentré...

— C'est qu'il est neuf heures, et même davantage... — Depuis deux grandes heures je suis prête... — Il ne vaut plus grand'chose, le dîner, et dans un tout petit moment il ne vaudra plus rien du tout...

— Qu'importe ? — Monsieur aura été retardé par un incident imprévu, mais il viendra... — Il faut attendre...

— Et puis, — reprit la servante qui ne se tenait pas pour battue, — mam'selle Claire criait la faim il y a cinq minutes... — Elle chante afin de se distraire, la chère petiote, mais ça la rendra malade, bien sûr...

— Vous avez raison, Mariette... — murmura Valentine, — ma sœur ne doit pas souffrir... — Si monsieur n'est pas revenu dans un quart d'heure, nous nous mettrons à table...

— Bien, madame...

Le chant avait cessé. — Claire entra dans la chambre au moment où Mariette en sortait.

II

— Tu as grand'faim, ma pauvre mignonne? — demanda Valentine.

— Oui, petite sœur... — répondit Claire, — et ça m'arrive presque tous les jours... — ajouta-t-elle. — M. Hermann est si souvent en retard...

— C'est vrai, mais ce n'est point sa faute... — Nous demeurons trop loin...

— Pourquoi ne nous ramène-t-il pas à Paris ?...

— Il nous y ramènera bientôt, je pense... — Pour lui-même il le faudra certainement... — Avec de telles distances l'exactitude est impossible...

— Je croyais que M. Hermann sortait de son bureau juste à quatre heures... — reprit Claire.

— Cela devrait être, mais il m'a expliqué et j'ai bien compris que des circonstances fréquentes lui imposent certains travaux supplémentaires auxquels il ne peut se dérober...

— Dans les commencements il arrivait à l'heure...

— Il le pouvait alors, les travaux dont je parle étant plus rares... — N'accuse jamais Hermann, je t'en prie, chère mignonne... En l'accusant, en te plaignant de lui, tu me ferais beaucoup de peine...

— Je ne l'accuse pas, et je ne me plains point... — Pourvu que tu m'aimes toujours autant que tu m'aimais, je suis contente et je me trouve heureuse...

— Si je t'aime, ma chérie? — s'écria Valentine. — Ah! plus que tout au monde!

Claire, pour unique réponse, vint s'asseoir sur les genoux de sa sœur, et lui jetant ses bras autour du cou la couvrit de baisers, mais elle s'interrompit brusquement et balbutia :

— Tu pleures!... — Pourquoi pleures-tu?... — Qui t'a fait du chagrin?...

— Personne... — répliqua la jeune femme d'une voix brisée. — Personne, et je ne pleure pas...

— Je te dis que tes larmes coulent...

— Comment le verrais-tu dans cette obscurité!...

— Je ne puis le voir, mais je le sens bien... ton visage est humide... — C'est très-mal de mentir!...

Claire, en disant ce qui précède, quitta les genoux de Valentine, courut à la cheminée et alluma l'une des bougies, puis elle revint auprès de sa sœur.

Vainement madame Vogel, tandis que ceci se passait, avait à plusieurs reprises appuyé son mouchoir sur ses yeux rougis. — De grosses perles liquides s'échappaient de ses paupières et inondaient ses joues.

— Tu vois bien, sœur chérie, — reprit l'enfant, — tu vois bien que j'avais raison... Ah! que ça me fait de peine de te voir pleurer comme ça?... Si seulement je savais la cause de tes larmes je tâcherais de te consoler...

— Ces larmes sont sans cause, je te l'affirme... — murmura Valentine. — Je n'ai pas le moindre motif de chagrin... — Je suis un peu souffrante et mes nerfs sont malades... Voilà tout... — Embrasse-moi et je vais sourire...

Claire ne demandait que cela.

Elle se jeta de nouveau dans les bras de sa sœur qui la serra passionnément contre sa poitrine, appuya la tête de l'enfant sur son épaule, et, ne pouvant dominer son émotion débordante, sanglota au lieu de sourire...

Quelques minutes se passèrent ainsi.

Nos lecteurs sont en droit de nous demander ce que Claire demandait à Valentine :

Pourquoi ces larmes ? — A quel sujet cette crise de sanglots?...

Notre réponse à cette question rend nécessaires quelques explications très-courtes.

Depuis la période absolument calme et relativement heureuse qui suivit le mariage, un changement absolu s'était produit dans les habitudes et dans la manière d'être du caissier de Jacques Lefebvre.

Hermann Vogel, parfaitement régulier d'abord et revenant au Bas-Meudon chaque jour à la même heure, avait perdu peu à peu cette exactitude; — nous venons d'entendre la petite fille constater le fait.

Il s'attardait maintenant d'une façon presque quotidienne, et trouvait souvent des prétextes pour ne rentrer qu'au milieu de la nuit.

Ce n'est pas tout.

A mesure que passaient les semaines et les mois, le jeune homme se détachait visiblement de Valentine et ne s'inquiétait guère de lui cacher sa froideur grandissante.

La pauvre enfant ne se sentait plus aimée et se demandait quelle faute involontaire, commise à son insu, éloignait d'elle son mari d'une façon si rapide et si complète.

Hermann, sombre et soucieux, semblait en proie à une irritation permanente. — Il paraissait nourrir contre sa femme des griefs mystérieux qu'il s'obstinait à taire, mais qui le remplissaient d'amertume.

Une raideur continuelle, atteignant parfois la brutalité, remplaçait son hypocrisie tudesque.

Il ne maltraitait pas Valentine et ne l'injuriait point, mais il lui parlait avec une sécheresse dédaigneuse et presque insultante; il raillait impitoyablement ses larmes lorsqu'elle les laissait couler devant lui.

Cette attitude, incompréhensible après les événements qui nous sont connus, remplissait de stupeur l'angélique créature qui se torturait l'esprit à poursuivre la solution d'une énigme formulée ainsi :

— Puisqu'il ne m'aimait pas, puisqu'une aversion manifeste devait remplacer si vite un semblant de tendresse, pourquoi donc a-t-il fait de moi sa femme?...

Naturellement elle ne pouvait se répondre.

Valentine avait une nature de sensitive.

Quoique s'étant mariée sans amour elle se croyait en droit de compter sur une paisible affection, pleine de confiance réciproque et d'intimité douce.

— Au lieu de cette affection, l'homme à qui elle appartenait pour toujours ne lui accordait qu'une indifférence méprisante et voisine de la haine.

Ces froissements continuels, ces blessures inattendues la faisaient cruellement souffrir, et non point seulement au moral.

Le corps était atteint chez elle autant que l'âme.

Un amaigrissement progressif lui prêtait l'apparence touchante des jeunes martyres peintes par le Giotto et Cimabué, ces maîtres de l'école primitive.

Ses yeux admirables paraissaient agrandis dans son visage dont l'ovale s'allongeait et dont les chairs nacrées prenaient la transparence de l'albâtre et de la cire.

Un cercle bleuâtre, d'une délicatesse extrême, estompait le contour de ses paupières un peu rougies.

L'amertume involontaire de son sourire donnait à sa physionomie toujours virginale une expression navrante.

Valentine éprouvait depuis quelque temps de fréquentes défaillances, auxquelles à aucune époque de sa vie elle n'avait été sujette.

Parfois la respiration lui manquait tout à coup; son cœur cessait de battre; des bruissements emplissaient ses oreilles; des feux follets passaient devant ses yeux.

Un jour, étendue sur la chaise longue près de la fenêtre, elle s'était évanouie complétement et n'avait repris connaissance qu'au bout de dix minutes sous les baisers de Claire épouvantée.

Elle subissait des appétits bizarres et sans cause appréciable, des répugnances soudaines que rien ne justifiait.

Parfois elle se disait :

— Qu'est-ce donc que j'éprouve ?... Je ne me reconnais plus... — Qu'y a-t-il de changé en moi ?... Il me semble que je suis malade... bien malade... — Ah ! Dieu le sait, je serais heureuse de mourir si ma sœur, après moi, ne devait pas rester seule au monde... — Mais la chère mignonne a besoin que je vive... — Mon Dieu, laissez-moi vivre pour elle !...

Nous ne tarderons point à connaître la cause des souffrances mystérieuses — (au fond nullement inquiétantes) — que Valentine subissait sans en deviner la nature.

Un quart d'heure s'était écoulé depuis l'entrée de Claire dans la chambre de sa sœur.

La jeune servante cria du bas de l'escalier :

— Si madame veut venir, le dîner est servi... et, ma foi, ce n'est pas dommage !...

— Bien, Mariette... — répondit Valentine en quittant son siége. — Nous voici...

Elle allait descendre avec l'enfant, mais elle s'arrêta dès les premiers pas.

Un violent coup de sonnette venait de retentir, brusque, violent, impérieux.

Il était impossible de s'y méprendre, le maître seul, et le maître irrité, pouvait sonner ainsi.

— C'est Hermann... — murmura Valentine.

Claire se serra contre sa sœur avec un petit frisson.

Le jardinier avait ouvert la grille.

Un pas rapide et saccadé résonna sous les marronniers.

Vogel, — car en effet c'était lui, — entra dans la maison.

Valentine l'entendit demander à Mariette :

— Où est madame?...

— Dans sa chambre, monsieur... — murmura la servante.

Hermann, en trois bonds, gravit l'escalier, et franchit le seuil de la grande pièce...

III

Hermann Vogel, lui aussi, avait beaucoup changé depuis le jour où nous l'avons vu recevoir des mains empressées de son concierge la mystérieuse épître qui l'invitait à se présenter *sans le moindre retard* à l'agence de la rue Montmartre pour y recevoir *dans son intérêt* une communication DE LA PLUS HAUTE IMPORTANCE.

A cette époque c'était un beau garçon de vingt-six ans, aux cheveux d'un blond clair, au visage plein et rosé, à la barbe fauve coquettement disposée en éventail.

Rien n'égalait les soins qu'il prenait alors de lui-même, rien ne surpassait la recherche et la correction de sa tenue de gentleman.

Au moment où, après un intervalle de quelques mois à peine, nous le présentons de nouveau à nos lecteurs, il était beau garçon toujours, mais il paraissait avoir vieilli de dix ou quinze ans.

De nombreux fils d'argent se mêlaient à l'or pâle de ses cheveux et de sa barbe.

Deux plis ineffaçables traversaient son front, jadis aussi poli que du marbre.

Un réseau de petites rides, pareilles aux craquelures d'un tableau ancien, rayaient l'épiderme de ses tempes.

La patte d'oie se dessinait aux angles externes de ses paupières marbrées qu'entourait un sillon de bistre.

Les prunelles, d'un bleu d'acier, avaient perdu leur éclat métallique, ou du moins cet éclat avait changé de nature. — Elles semblaient maintenant ternies et comme voilées, puis soudain elles s'allumaient et brillaient d'un feu sombre qui ne s'éteignait que pour renaître.

Hermann continuait à porter des vêtements du bon faiseur, mais il les portait avec une négligence très-nuisible au *chic suprême* dont les avait doués le tailleur à la mode.

Jadis tiré à quatre épingles, ainsi qu'un gentleman anglais ou qu'un baron prussien, et poussant la correction jusqu'à la raideur, Hermann arrivait depuis quelque temps au Bas-Meudon dans une tenue presque débraillée acceptable pour un bohème *tirant des bordées* — (comme disent les marins à terre) — mais non pour un caissier marié depuis six mois et venant retrouver sa femme à la campagne.

Vogel portait du linge fripé, des chapeaux défraîchis et brossés à rebrousse-poil.

Parfois on le voyait sans gants, la cravate dénouée, le devant de la chemise entr'ouvert, comme si ses ongles fiévreux avaient labouré sa poitrine.

Un observateur rencontrant Hermann pour la première fois, et n'ayant sur son compte aucune notion antérieure, pouvait se croire en présence soit d'un viveur épuisé par le libertinage et par les veilles du tapis vert, soit d'un homme accablé de soucis poignants, de préoccupations terribles, d'angoisses meurtrières, usant ses dernières forces à soulever sans cesse un rocher de Sisyphe qui retombe fatalement sur lui et qui l'écrase.

Laquelle de ces suppositions aurait été fondée ?

Nous le saurons bientôt.

Le caissier de Jacques Lefebvre, avons-nous dit, entra dans la chambre du premier étage après avoir gravi rapidement l'escalier.

Sans doute il avait marché très-vite depuis la station du chemin de fer, car la sueur coulait en grosses gouttes sur son visage dont une pâleur bilieuse remplaçait le coloris autrefois si brillant.

De la main gauche il tenait son chapeau.

De la main droite il tamponnait avec son mouchoir son front, ses joues et ses cheveux.

L'ensemble de sa physionomie exprimait l'humeur exécrable et la disposition d'esprit malfaisante d'un homme décidé à rendre le premier venu responsable des choses qui ne vont point à sa guise...

Mais, pour éclater, il lui fallait au moins l'apparence, l'ombre d'un prétexte...

Où trouver ce prétexte?...

Comment s'en prendre à Valentine?

Cependant la colère soulage et détend. — Hermann le savait bien et voulait se mettre en colère.

Il se laissa tomber sur un siége, jeta son chapeau loin de lui et continua à se tamponner le visage, sans prononcer une parole.

— Vous avez chaud, mon ami.... — murmura la jeune femme.

— Oui... — répondit Hermann d'un ton sec.

— Vous êtes fatigué ?

— Ereinté, c'est le mot.

— Voulez-vous boire quelque chose de frais ?

— Croyez-vous qu'on vive d'eau fraîche ? — fit le

caissier avec un ricanement. — Je veux manger... —
— Je meurs de faim... — Dites qu'on me serve et qu'on se hâte !...

— Mais, — répliqua Valentine, — tout est prêt...
— Nous n'avons pas dîné.

— Ah! Et pourquoi ça? — demanda Vogel.

— Nous vous attendions...

— Et pourquoi m'attendiez-vous, s'il vous plaît?...

— Parce que vous n'aviez pas annoncé ce matin que vous ne rentreriez point... et vous voyez, mon ami, que nous avons bien fait d'attendre à tou hasard...

Vogel se dressa brusquement, comme un fantoche à ressort qui jaillit de sa boîte.

Il trouvait le prétexte souhaité, — exécrable, il est vrai, — mais, faute d'un meilleur, il s'en contentait.

— Tonnerre du diable! — s'écria-t-il. — Se moque-t-on de moi, ici? — Suis-je astreint par hasard à rendre des comptes dans cette maison? — J'ai donné l'ordre, une fois pour toutes, de ne jamais m'attendre quand je suis en retard, et je trouve mauvais qu'on me désobéisse!!

— Je n'avais pas compris cela, mon ami... — balbutia Valentine.

— Vous l'aviez compris à merveille! — répliqua Vogel. — Mais il vous plaît de vous poser en femme méconnue et délaissée!... Il vous plaît de vous décerner à vous-même la palme du martyre!... — Ce serait ridicule si ce n'était odieux, et je prétends que cela n'arrive plus...

— Cela n'arrivera plus... — dit la jeune femme d'une voix brisée, en se détournant pour cacher ses larmes.

Claire vit pleurer sa sœur. — Son cœur se gonfla démesurément, et, quoiqu'elle fît de prodigieux efforts pour dominer sa douloureuse émotion, ses sanglots éclatèrent.

Hermann frappa du pied et se mit à jurer comme un païen.

Valentine prit la petite fille dans ses bras pour la calmer et pour la consoler.

— Emportez-la! — cria le caissier avec fureur. — Enfermez-la dans la cave ou au grenier, que je ne la revoie pas, et surtout que je ne l'entende plus!! — Si elle continue à me rompre la tête avec ses glapissements, je l'emmène et j'en débarrasse mon logis en la cloîtrant dans une pension, où elle pourra geindre à son aise sans m'assourdir!!!

— Hermann, — dit Valentine avec effarement, — vous ne feriez pas cela!...

— En vérité?... — ricana Vogel.

— Vous m'aviez promis, vous m'aviez juré de ne

jamais me séparer de ma sœur... — poursuivit la pauvre enfant.

— Eh bien, je ne tiendrai pas ce que j'ai promis, voilà tout!...

— Ce serait une infamie... ce serait un crime...

— Que de gros mots pour si peu de chose!...

— Je ne pourrais vivre sans ma sœur et ma sœur ne pourrait vivre sans moi...

— On croit cela et on vit tout de même... — Vous en aurez la preuve si cette intolérable morveuse continue!! — Emportez-la! Emportez-la!!...

Claire, au comble de l'épouvante, convaincue qu'Hermann allait l'emmener à l'instant et l'emprisonner, perdait la tête et redoublait ses gémissements et ses sanglots.

Valentine s'enfuit avec elle dans une autre pièce.

Quand au bout d'un quart d'heure la jeune femme revint seule, en essuyant ses paupières rougies, Hermann était à table dans la salle à manger du rez-de-chaussée où Valentine le rejoignit, après avoir recommandé tout bas à Mariette de s'occuper de Claire.

Aucune parole ne fut échangée entre le mari et la femme pendant le triste repas qui ne dura guère qu'une demi-heure.

Lorsqu'il fut achevé, Valentine se leva et elle s'apprêtait à sortir.

— Restez ! — lui dit durement Hermann en tirant de sa poche un papier. — Donnez l'ordre à Mariette d'apporter ce qu'il faut pour écrire. — J'ai besoin de votre signature...

IV

Valentine regarda son mari avec étonnement.

— Vous avez besoin de ma signature!... — répéta-t-elle.

— Oui.

— Pourquoi?

— Je pourrais vous répondre qu'il s'agit d'une affaire, — répliqua le caissier, — et que les affaires ne regardent pas les femmes, mais je veux bien vous donner une explication...

— J'en suis reconnaissante, croyez-le... — murmura Valentine.

Hermann reprit:

— Vous possédez un revenu de six cents livres,

représentant un capital d'environ douze mille francs...

— Dont les titres sont dans vos mains... — interrompit la jeune femme.

— Ces titres étant nominatifs, — poursuivit Vogel, — votre signature m'est indispensable pour en opérer la vente...

— Vous voulez vendre !... — s'écria Valentine.

— Sans doute... — Que trouvez-vous d'étonnant à cela ?

— Cette humble somme me vient de ma mère... elle constitue mon unique héritage...

— Eh bien ?...

— Un revenu de six cents francs, — continua madame Vogel, — est assurément plus que modeste... Néanmoins il peut devenir une ressource en cas de malheur... — Si vous disposez du capital, que me restera-t-il ?...

Hermann fit un mouvement d'impatience.

— Me prenez-vous pour un prodigue ou pour un fou ? — dit-il avec aigreur. — Me croyez-vous capable de dissiper votre argent ?... — Grand merci de la défiance dont vous m'honorez !...

— Je ne me défie pas de vous, Dieu m'en est témoin !... — Vous êtes désintéressé, j'en suis sûre... Vous me l'avez prouvé en m'épousant sans dot... —

Mais à quoi bon réaliser quelques milliers de francs placés solidement?...

— Solidement, oui, j'en conviens, mais d'une façon absurde... — A notre époque les capitaux sont improductifs quand ils ne rapportent que cinq... — Je veux avec vos fonds acheter des valeurs beaucoup plus productives, et doubler, peut-être même tripler votre revenu...

— Les femmes n'entendent rien aux affaires, — reprit Valentine timidement, — vous l'avez dit tout à l'heure, et vous aviez raison... mais il me semble que des placements dangereux peuvent seuls produire un si gros intérêt... — Pourquoi courir des risques inutiles?... — Vos appointements sont considérables... Nous n'avons pas besoin d'argent...

Vogel écoutait ces paroles en haussant les épaules.

Quand Valentine eut achevé, il frappa sur le timbre qui se trouvait à portée de sa main.

Mariette accourut.

— Apportez une plume et un encrier... — commanda-t-il.

La petite servante s'empressa d'exécuter l'ordre du maître et se retira.

Le caissier de Jacques Lefebvre posa sur la table la feuille de papier timbré qu'au début de l'entretien nous l'avons vu tirer de sa poche.

— Je suppose que vous avez tout dit... — reprit-il, — et vous me rendrez cette justice que j'ai fait preuve de patience en ne vous interrompant pas...

— Maintenant il ne s'agit plus de divaguer, mais d'obéir...

Il posa le doigt sur la partie inférieure de la feuille, en ajoutant :

— C'est là qu'il faut signer...

Puis, trempant la plume dans l'encre, il la tendit à Valentine.

La jeune femme secoua la tête.

— Non, — fit-elle avec fermeté, — je ne signerai pas...

— Et pour quelle raison, s'il vous plaît? — demanda Vogel, stupéfait de cette résistance invraisemblable, et les yeux étincelants d'une colère difficilement contenue et prête à éclater.

— La vie a ses hasards funestes... — balbutia Valentine. — Votre situation est belle, mais elle peut vous manquer un jour... — Le peu que je possède, je vous le répète, serait une ressource pour vous, pour ma sœur et pour moi... — Je refuse de compromettre cette ressource...

— Ah! vous refusez! — répéta le caissier d'une voix sourde, qui sifflait en passant entre ses dents serrées.

— Oui.

— Vous avez bien réfléchi?

— J'ai bien réfléchi...

— C'est votre dernier mot?

— C'est mon dernier mot...

Hermann donna sur la table un coup violent de son poing fermé. — La vaisselle et l'argenterie s'entre-choquèrent avec un formidable tapage.

Valentine, tremblante, crut que l'orage allait éclater.

Il n'en fut rien.

Au lieu de donner un libre cours à sa fureur, le caissier se mit à rire, mais d'un rire tellement étrange que cet accès de soudaine gaieté n'avait rien de rassurant.

— Soit! — dit-il. — Vous êtes libre, ma chère, de substituer votre volonté à la mienne et d'entraver mes meilleures intentions par une force d'inertie contre laquelle je ne lutterai point; mais je suis le maître dans mon logis, le maître absolu, vous m'entendez bien, et la loi m'investit d'une autorité sans contrôle et sans partage dont je prétends user à ma guise... Or, depuis longtemps déjà la présence de votre sœur chez moi me fatigue et m'agace... je la tolérais cependant, par égard pour vous, mais je viens de recevoir une leçon dont je profiterai...

2.

Demain matin j'emmènerai à Paris mademoiselle Claire de Cernay, et je la mettrai dans un couvent où ses six cents livres de rente suffiront à payer sa pension...

Madame Vogel, pâle comme une morte, tendit vers son mari ses mains jointes.

— Hermann, — commença-t-elle, — je vous supplie...

Il l'interrompit.

— N'insistez pas ! — fit-il railleusement, — Ce serait du temps perdu et des paroles sans résultat ! Moi aussi j'ai bien réfléchi... — Tout à l'heure vous avez dit votre DERNIER MOT. — Je viens de dire le mien... — Je vous le répète, n'insistez pas !...

Valentine comprit.

Ce qu'elle voulait avant tout, ce qu'elle voulait à tout prix, c'était de n'être point séparée de sa sœur...

Que lui importait le reste ?...

Elle saisit la plume.

— Et, si je signe ? — demanda-t-elle.

Hermann eut un sourire cynique...

— Si vous signez, — répliqua-t-il, — ce sera différent... — Je suis l'homme des bons procédés, moi... — Ce qu'on a toléré déjà, on peut le tolérer encore...

— Vous jurez de me laisser Claire ?...

— Parbleu !!

— Vous m'en donnez votre parole d'honneur?

— J'en fais tous les serments du monde.

— Que faut-il écrire?

— Ces trois mots: *Bon pour pouvoir*, et au-dessous vos noms et vos prénoms: *Valentine Vogel, née de Cernay*...

La jeune femme écrivit et signa.

— Parfait! — dit Hermann en repliant le papier timbré et en le glissant dans son portefeuille, — Vous garderez l'aimable enfant qui ne peut pas me souffrir, et à qui, d'ailleurs, je le rends bien... — Vous voyez, ma chère, qu'avec un peu de gentillesse on fait de moi tout ce qu'on veut... — Je suis une si bonne nature!... Mais plus de révoltes, je vous le conseille, où nous nous fâcherions sérieusement...
— Sur ce, je vous quitte! — Il est dix heures et demie... Je vais me coucher, et je vous engage à en faire autant... — Bonsoir...

— Bonsoir... murmura Valentine.

Hermann se leva, prit une bougie sur la table, effleura de ses lèvres le front de sa femme et fit quelques pas vers la porte.

Au moment de l'atteindre, il s'arrêta, se retourna et dit:

— A propos, ma chère, puisqu'il vous est particulièrement agréable d'être d'avance renseignée au sujet de mes faits et gestes, je vais me montrer galant jusqu'au bout...—Demain matin vous dormirez sans doute quand je quitterai le Bas-Meudon... — Ne m'attendez pas le soir... — Des travaux importants me forceront à veiller très-tard et je finirai la nuit dans mon logement de garçon de la rue de la Pépinière... — Donc vous ne me verrez qu'après-demain, à l'heure du dîner... Je tâcherai d'être exact, mais je ne réponds de rien... Vous ferez bien de vous mettre à table, si je tarde de dix minutes...

Sans attendre la réponse de la jeune femme, Vogel tourna sur ses talons, ouvrit la porte et disparut.

Le lendemain il regagna Paris de très-bonne heure.

Avant de se rendre à la maison de banque Jacques Lefebvre, il avait à prendre certaines mesures pour réaliser, dans la journée, les titres appartenant à Valentine.

Un impérieux besoin d'argent rendait indispensable cette réalisation immédiate.

Hermann Vogel,—ou plutôt le baron de Précy,— donnait le soir, dans son luxueux appartement de la rue de Boulogne, une petite fête galante en l'honneur de Maurice Villars, — qui s'obstinait à ne pas mourir!...

V

Maurice Villars, disions-nous à la fin du précédent chapitre, s'obstinait à ne pas mourir.

Cette obstination — (que beaucoup de gens trouveront parfaitement naturelle) — était l'une des principales causes du complet et triste changement d'Hermann Vogel à l'égard de sa jeune femme.

Le caissier de Jacques Lefebvre, en épousant la nièce du vieux garçon, comptait, nos lecteurs le savent, que Valentine hériterait à bref délai, et que les trois millions de l'héritage lui permettraient de ne pas rouler lui-même au fond de l'abîme dont chaque jour le rapprochait fatalement.

Or, Maurice Villars, ce libertin usé jusqu'aux

moelles, ce moribond qui semblait n'avoir que le souffle et qui devait d'une heure à l'autre s'éteindre comme une lampe où l'huile manque, se cramponnait à l'existence avec une invraisemblable énergie.

Vogel le poussait vainement à des excès de toute nature.

Ce spectre fardé ne s'en portait pas plus mal et déjouait les espérances fondées sur sa mort imminente...

La déception paraissait à Hermann d'autant plus cruelle qu'elle était plus inattendue. — Il s'en prenait à sa femme de cette déception ; il l'en rendait responsable en quelque sorte, comme si, pour se faire épouser, elle avait impudemment abusé de sa bonne foi et spéculé sur sa confiance...

De là sa haine grandissante et sa continuelle irritation contre l'angélique enfant...

Le temps pressait...

L'attente devenait impossible...

La situation d'Hermann était pire qu'au début de ce récit puisque —(pour emprunter une expression à maître Roch) — il ne lui restait plus la ressource d'*allonger la courroie*...

Autour de lui, tout craquait.

L'une des traites de la fabrication de Charles Laurent, lancée dans la circulation par la maison de banque Jacques Lefebvre, avait été reconnue fausse avant son échéance et remise au parquet.

Une enquête commencée à ce sujet suivait son cours.

Hermann Vogel avait été appelé dans le cabinet du juge d'instruction pour donner des renseignements.

Certes on ne l'accusait point encore et son patron croyait plus que jamais à son inattaquable probité, mais d'une minute à l'autre la lumière pouvait jaillir. — Il suffirait d'une circonstance futile pour mettre la police sur les traces du coupable ; alors tout serait perdu, et cette fois il faudrait choisir entre le suicide et le bagne...

Songer seulement, en de telles circonstances, à négocier des valeurs nouvelles pour solder les anciennes eût été folie.

Donc les traites et les mandats revenant impayés à l'échéance seraient reconnus l'œuvre d'un faussaire.
— On s'étonnerait à bon droit que ces faux innombrables aient passé tous par les mains du caissier Vogel, et de l'étonnement au soupçon il n'y aurait qu'un pas bien facile à franchir...

Or, avant trois semaines, arriverait l'échéance formidable.

Hermann croyait entendre déjà sonner l'heure où

l'échafaudage si laborieusement construit par lui s'écroulerait, l'entraînant dans sa chute et l'écrasant sous ses débris...

Sans cesse il se répétait :

— Je suis perdu, mais, si Maurice Villars mourait dans huit jours, je pourrais être sauvé...

Cette idée devenait pour lui une véritable obsession.

Avec une nature aussi foncièrement mauvaise et pervertie que celle du mari de Valentine, il n'en fallait pas plus pour qu'à la pensée du salut s'accouplât la pensée du crime...

« *Quand on a besoin de la mort d'un homme et quand cet homme ne veut pas mourir, on le tue...* » — La logique des scélérats a des axiomes ainsi formulés.

Hermann, assurément, n'aurait point reculé devant une telle solution ; mais tuer son prochain est chose assez difficile, lorsqu'on a de sérieuses raisons pour tenir à sauvegarder les apparences.

L'assassinat brutal faisait peur au caissier, et d'ailleurs à quoi lui servirait d'enrichir sa femme s'il devait, le crime commis, porter sa tête sur l'échafaud ?...

Il s'agissait d'imaginer quelque moyen ingénieux, non de tuer positivement Maurice Villars, mais de l'*aider* à mourir brusquement...

Donc ni poison, ni coup de couteau !!

Cela laisse des traces et la police arrive... C'est maladroit et bête... — Il fallait autre chose... — Mais quoi ?...

Le caissier cherchait...

La veille du jour où sous nos yeux il extorquait la signature de Valentine, il s'était dit :

— J'ai trouvé !...

Nous le verrons bientôt à l'œuvre.

En quittant la maison de Jacques Lefebvre à quatre heures, Hermann passa chez son agent de change.

Les titres de madame Vogel avaient été vendus par son ordre dans la journée. — Il en toucha le prix, douze mille francs, en billets de Banque.

Muni de ce viatique il monta dans un coupé de régie, se fit mener tout en haut de la rue des Martyrs et demanda au portier d'une grande maison neuve :

— Mademoiselle Adah Bijou, s'il vous plaît ?...

Le portier, fort occupé à poser un fond neuf au vieux pantalon d'un locataire, regarda le visiteur et répondit par une question :

— C'est-il vous qui êtes venu hier et qui avez laissé une carte avec un mot d'écrit ?

— C'est moi...

— Pour lors, vous pouvez monter... — Mam'zelle Bijou est chez elle et elle vous attend... — C'est au *cintième*, la porte à gauche... — Il n'y a point de sonnette... Vous cognerez...

— Très-bien...

El Vogel escalada lestement les marches innombrables de l'escalier.

Arrivé au cinquième étage il fit halte pour reprendre haleine, puis frappa trois petits coups contre la porte désignée.

Une voix demanda presque aussitôt depuis l'intérieur :

— Qui est là ?

— Le baron de Précy...— répliqua Vogel...

La porte s'ouvrit.

— Bonjour, baron... — dit la maîtresse du logis. — Entrez vite... — Je prends des précautions ridicules, mais que voulez-vous, il le faut !... — Ces gueux de créanciers ne me laissent pas un moment de repos depuis qu'ils me savent à Paris... — C'est une procession dans l'escalier... — J'ai dû supprimer ma sonnette.... Ils cassaient le cordon dix fois par jour en carillonnant à tour de bras !... Ah ! baron, quels raseurs que ces gens-là !!

— Toujours des créanciers donc, ma pauvre Adah !... — fit Hermann en souriant.

— Toujours et plus que jamais ! — Vous savez bien, baron, que je n'ai pas de chance...

— Vous arrivez d'Angleterre, cependant...
— *Yès, milord...*
— Et la chronique affirme qu'Arthur Aldridge, avec qui vous étiez partie, est un gentleman fort sérieux...
— Je ne me plains point de lui... Oui, c'est un homme très-chic... ennuyeux comme la pluie, mais très-chic... En le quittant, j'avais un portefeuille mignon gentiment truffé de bank-notes... Oh ! dix fois plus qu'il n'en fallait pour payer toutes mes dettes si j'étais revenue dans ce moment-là...
— Eh bien ?...
— Eh, bien ! malheureusement — (et voilà ma mauvaise chance !) — comme j'allais prendre le train et filer à Douvres, j'ai rencontré un gymnaste de Crémorn-Garden's, un Léotard anglais, joli, joli, joli, mais pas sérieux du tout, par exemple... — Vous savez comme je suis, moi... — Le Léotard m'a donné dans l'œil, et, au lieu de monter dans le wagon, je suis restée à Londres, où l'acrobate et moi nous avons volatilisé les bank-notes avec un entrain superbe...
— Ça a duré tant que ça a pu, jusqu'au dernier schelling... — J'ai vendu ma montre pour revenir, mais je ne regrette rien... — Parole d'honneur, j'en ai eu pour mon argent... — Vous verrez la photographie de Dick Tomlison (c'est l'acrobate,) il est superbe !...

— Drôle de fille ! — fit Vogel en riant.

Ces paroles s'échangeaient dans une petite antichambre absolument dépourvue de mobilier.

— Entrez donc au salon, baron... — reprit Adah Bijou. — Vous avez écrit hier sur votre carte que vous aviez quelque chose d'intéressant à me dire, et j'ai hâte de savoir... vous comprenez ça...

VI

La pièce dans laquelle Adah Bijou introduisit Hermann était ce vulgaire salon des cocottes de dixième ordre qui n'ont ni argent liquide, ni compte ouvert chez ces tapissiers aventureux dont la spécialité est d'ouvrir un crédit illimité aux futures étoiles de la galanterie parisienne.

Un canapé, deux fauteuils et quatre chaises en bois noir, recouverts de velours grenat capitonné, une table de milieu en marqueterie, un chiffonnier de Boule apocryphe, un piano en palissandre acheté par abonnement à vingt-cinq francs par mois, une garniture de cheminée jouant la porcelaine de Saxe et s'acquittant fort mal de ce rôle, une jardinière privée de fleurs entre les deux fenêtres, un tapis de moquette anglaise à bon marché, de grands rideaux de velours et de petits rideaux en imitation de guipure, voilà tout.

Deux objets d'art d'une certaine valeur attiraient cependant l'attention.

C'étaient un tableau et une statuette.

Le tableau, d'un dessin très-solide et d'une admirable couleur, représentait une jeune femme en costume absolument édénique, couchée sur un tapis d'Orient et fumant une pipe turque à long tuyau.

La statuette reproduisait sans le plus léger voile les formes parfaites de la même femme, debout, audacieusement cambrée et croisant ses mains sur sa tête.

Cette personne, peinte et sculptée, n'était autre qu'Adah Bijou, successivement amie d'un peintre bien connu et d'un statuaire célèbre.

De cette double liaison il ne restait que ces deux chefs-d'œuvre dont Adah, même en un moment d'absolue détresse, n'aurait voulu se défaire à aucun prix.

A quelqu'un qui lui offrait du tableau et de la statuette une somme importante, elle avait répondu :

— Jamais!! — Quand je serai vieille et ridée, ratatinée et *décatie*, j'aurai du moins la joie, en regardant ma double image, d'être sûre que j'étais belle !...

En disant ce qui précède Adah ne s'illusionnait aucunement.

Elle ne possédait pas sans doute la beauté régulière et classique qui laisse froids ses admirateurs, mais elle avait au plus haut point ce je ne sais quoi de moderne et de pimenté, ce montant, ce brio, cette allure ondoyante et serpentine, cette grâce frelatée peut-être, mais diabolique et irrésistible, ce *chic* pervers enfin, qui rendent certaines filles du Paris-Cythère vingt fois plus séduisantes et cent fois plus dangereuses que les Vénus de l'Olympe mythologique et démodé.

Mettez sur l'un des plateaux de la balance une Parisienne de race, sur l'autre tout un lot de déesses, et vous verrez qui l'emportera...

Adah Bijou avait vingt-cinq ans.

Elle était grande, fine, mais point maigre, et d'une souplesse de couleuvre.

Ses épaules tombantes, ses bras ronds et superbes, s'alliaient à une taille si mince près des hanches que le bracelet d'une bourgeoise bien en chair aurait pu lui servir de ceinture.

Les pieds étaient irréprochables.

Les mains, très-blanches mais sans distinction, trahissaient une origine plébéienne.

Adah Bijou avait été blanchisseuse lors de ses débuts dans la vie.

Une tête de fantaisie, charmante mais surtout piquante et originale, couronnait l'ensemble élégant que nous venons de décrire.

Figurez-vous d'abord une forêt de cheveux fins comme de la soie, d'un ton de cuivre rouge, pas très-longs mais prodigieusement épais, et si crespelés par la nature qu'ils se révoltaient de façon victorieuse contre les dents du peigne d'écaille ou d'ivoire et que, malgré tout l'art du coiffeur, des mèches folles s'échappaient de leurs masses lourdes et donnaient à la jeune femme la physionomie mutine d'un gamin ébouriffé.

Sous cette toison cuivrée un front bas, proéminent — (symptôme d'entêtement) — et coupé par des sourcils bruns...

Sous ce front, des yeux noirs, presque trop grands, aux longs cils fauves, aux paupières bistrées.

Pour les yeux magiques d'Adah Bijou semblaient avoir été faits ces quatre vers de Nadaud, chantés jadis par toute une génération :

« Que j'aime à voir, sous ta prunelle noire,
« Ce cercle bleu tracé par le bonheur...
« Liste d'azur, qui garde la mémoire
« Des amoureux effacés de ton cœur!... »

Le nez petit, mignon, retroussé du bout, était

dans son irrégularité même un chef-d'œuvre coquet.

La bouche, plutôt grande que moyenne, aux dents de jeune loup, aux lèvres d'un carmin violent, avait à chaque extrémité une fossette exquise qui se creusait pendant le sourire...

Une fossette pareille se dessinait au milieu du menton.

La peau, d'un grain très-serré et d'une blancheur mate, offrait çà et là quelques taches de rousseur dissimulées sous la veloutine.

Adah, le soir, et le soir seulement, mettait un peu de rouge pour éviter de paraître trop pâle aux lumières.

Elle adorait les parfums violents et elle en usait outre mesure.

Les émanations des odeurs en vogue s'échappaient de sa chevelure, de son linge, de ses vêtements, de son épiderme, et mettaient autour d'elle une atmosphère irritante et capiteuse.

Au moment où nous présentons la jeune femme à nos lecteurs elle avait noué sur ses cheveux couleur de flamme un ruban bleu fané, et tant bien que mal elle s'enveloppait dans un peignoir de cachemire blanc, jauni par de trop longs services et reprisé en maint endroit.

Ce ruban terni, ce vêtement hors d'usage qu'une soubrette de bonne maison aurait dédaigné, décelaient la gêne arrivant à sa période aiguë...

Et cependant Adah Bijou était une splendide créature, pleine de séductions enivrantes, et son beau corps dégageait une si puissante électricité amoureuse que le monde des viveurs l'avait surnommée : *La Torpille*, comme la pauvre *Esther*, cette touchante impure dont l'immortel Balzac a raconté la vie et la mort dans l'une de ses plus belles œuvres.

Pourquoi donc Adah, jeune et superbe, passait-elle les trois quarts de son existence à végéter misérablement et à dire : — *Je n'ai pas de chance !* — quand on voit tant de courtisanes chevronnées, blanchies sous le harnais, menant train de princesses, et sur leurs économies achetant des hôtels ?

C'est que mademoiselle Bijou, fantaisiste à outrance, avait jusqu'à ce jour, par ses caprices extravagants, mis la fortune en fuite.

Chose étonnante à notre époque, cette fille gardait dans ses veines du sang de bohème. — Elle ne savait pas compter. — Elle sacrifiait gaillardement un avenir probable à une heure de plaisir certain...

A plusieurs reprises des hommes sérieux, des millionnaires d'un âge mûr, ensorcelés par sa beauté bizarre et par ses rayonnements de sirène, avaient en-

trepris de la lancer dans le *high-life* du demi-monde
et de la rendre célèbre.

Très-docile d'abord, comprenant son rôle à merveille et le jouant d'instinct avec un chic suprême
qui remplissait de joie et d'orgueil les vieux cœurs
des vieux protecteurs, Adah s'était toujours et brusquement dérobée, juste au moment où on pouvait la
croire conquise à la haute vie...

Pour parler son langage, elle se *toquait* du premier venu, artiste ou journaliste, étudiant ou cabotin, et *lâchait* tout, sans hésiter, au profit d'une passion qui n'existait plus avant la fin de la semaine...

On citait d'elle des traits étonnants.

Un jour, à la fête de Saint-Cloud où l'avait conduite un diplomate russe, un vrai grand seigneur,
follement épris de cette charmeresse au point de lui
donner son bras en public, elle avait carrément quitté
le diplomate stupéfait pour emmener souper un *hercule* au maillot sale, aux longs cheveux graisseux,
qui soulevait avec ses dents des poids de cent
kilos...

Des anecdotes de ce genre, on le comprend sans
peine, rendaient Adah Bijou impossible ; aussi les
fournisseurs, n'ayant plus confiance en la chance de
leur cliente, non-seulement refusaient tout crédit
nouveau mais se montraient ultra-farouches dans

leurs réclamations incessantes au sujet d'un arriéré, bien modeste pourtant.

La pauvre fille en était réduite, — nous l'avons vu — à supprimer sa sonnette dont les créanciers cassaient le cordon...

Telle était la femme dont Hermann Vogel allait tenter de se faire une complice, ou tout au moins une alliée...

VII

— Ma chère Adah, — dit Vogel en souriant, — vous avez deux mérites...

— Deux seulement, baron ! ! Ce n'est guère !... — interrompit mademoiselle Bijou avec une moue coquette.

— Je parle des deux principaux, — reprit Hermann, — de ceux qui sont tout à fait hors ligne...

— Lesquels ?

— Votre incomparable beauté, votre franchise étourdissante.

Adah sourit à son tour.

— Il est certain que je suis jolie, — fit-elle, — et beaucoup moins poseuse que mes petites amies qui mentent à propos de tout et à propos de rien...

— Avec vous, — continua le caissier, — on sait tout de suite à quoi s'en tenir... — Vous ne cachez point à vos bons amis que vous êtes dans le pétrin jusqu'au cou... et vous avez raison d'avoir confiance en eux, car leur premier soin, n'en doutez pas, sera de réparer l'injustice du sort et de vous tirer au plus vite d'une position indigne de vous...

— Vous feriez cela, baron !! — s'écria la jeune femme.

— Je ne suis ici que pour le faire...

— Vous saviez donc que j'étais *à la côte?*

— Parfaitement.

— Qui vous l'avait appris?...

— Ma police...

— Et vous me remettrez à flot?...

— Sans le moindre retard.

— Vrai?

— Aussi vrai que je m'appelle le baron de Précy...

— Alors vous êtes un petit Manteau-Bleu d'un réussi parfait, un terre-neuve exceptionnel !... — J'ai bien envie de vous embrasser...

— Je tolérerai cette fantaisie...

Adah jeta ses bras blancs autour du cou de Vogel et lui posa ses lèvres sur les yeux.

Si préoccupé de choses graves que fût le mari de

Valentine, il tressaillit sous le courant d'électricité sensuelle qui jaillissait du corps de l'étrange créature et lui avait valu son surnom de *la Torpille*.

Le tressaillement involontaire d'Hermann n'échappa point à mademoiselle Bijou.

Elle dénoua ses bras en riant, et recula d'un pas.

— Ah! ça, — demandait-elle, — est-ce que vous êtes amoureux de moi, baron, par hasard?

— Cela vous étonnerait-il énormément?

— Du tout.

— Cela vous contrarierait-il un peu?

— Pourquoi?... — Vous ou un autre, qu'importe? Et mieux vaudrait que ce fût vous, car vous êtes un bon garçon et vous ne me déplaisez pas... — Si vous n'étiez un homme du monde j'aurais peut-être un *béguin* pour vous, mais les hommes du monde, généralement, sont si peu drôles!!

Vogel prit la main de la jeune fille.

— Ma chère Adah, — dit-il, — l'admiration que vous m'inspirez est très-vive, mais, je dois vous l'avouer, votre beauté me laisse aussi calme que le ferait la vue d'une œuvre d'art accomplie... — Il n'y aura jamais d'amour entre nous, pas plus de mon côté que du vôtre...

— Cependant, — s'écria Bijou, — vous avez parlé tout à l'heure de me tirer du pétrin où je patauge...

— Je l'ai promis et je tiendrai parole...

— Vous serez donc un protecteur platonique !... C'est ça qui aurait un rude cachet !... — Mais j'y songe... Peut-être, baron, êtes-vous toqué d'une grande dame en puissance de mari jaloux... — J'ai vu dans la *Fausse maîtresse* de Balzac une situation toute pareille... Cette fausse maîtresse était une écuyère qui se nommait je crois *Malaga*... — Ai-je deviné ?...

— Pas le moins du monde... — Vous êtes très-littéraire, mais absolument dans le faux. — Nous perdons nos paroles et je suis pressé... — Ecoutez-moi, s'il vous plaît, sans m'interrompre...

Adah Bijou fit signe qu'elle était tout oreilles.

Hermann continua :

— Vous avez trop d'esprit pour admettre un instant que dans le siècle où nous vivons on donne quoi que ce soit sans rien recevoir en échange... — Si je vous obligeais à titre absolument gratuit, vous me regarderiez, à bon droit, comme un naïf... — Bref, ma chère Adah, je suis ici parce que vous pouvez m'être utile, et je viens vous proposer un marché.

— Très-bien... — dit Bijou. — J'aime autant ça... — De quoi s'agit-il ?...

— De toutes vos dettes payées d'abord, et d'une grosse somme à gagner ensuite.

— A gagner, de quelle façon ?...

— En tournant la tête à quelqu'un...

— A un jeune homme ou à un vieillard ?

— A un vieillard...

— Et en devenant sa maîtresse ?

— Bien entendu...

— Pour longtemps ?

— Pour le reste de sa vie...

Mademoiselle Bijou fit un brusque haut-le-corps et prit une physionomie comiquement effarée.

— Oh! soyez tranquille! — s'empressa d'ajouter Vogel. — Ça ne sera pas long...

— Comment le savez-vous ?...

— Celui de qui je parle est si bas que les plus grands ménagements pourraient à peine prolonger sa vie de quelques jours... or...

Adah Bijou regarda son interlocuteur bien en face.

— Jouons cartes sur table, mon cher... — dit-elle.

— Soit !

— Vous avez un intérêt à ce que le vieillard dont il s'agit meure le plus tôt possible ?...

— Si je vous disais : — *Non!* vous ne me croiriez pas...

— Il est riche ce vieillard ?...

— Très-riche, oui...

— Vous êtes son parent et vous devez hériter de lui ?...

— Ici, ma chère, vous faites de nouveau fausse route... — Aucun lien du sang n'existe entre lui et moi... — Il ne me léguera pas un sou...

— Alors vous comptez épouser sa veuve ?...

— Il est garçon...

— Vous le haïssez beaucoup, dans ce cas ?...

— Je suis son ami le plus intime... — répondit carrément Hermann.

Adah eut un franc éclat de rire.

— Saperlipopette ! — s'écria-t-elle. — Vous avez une manière bigrement originale de comprendre l'amitié !... — Mes compliments, baron !! — Enfin laissons de côté vos motifs que je n'arriverai point à connaître, car vous êtes plus mystérieux qu'un quatrième acte de mélodrame... — Arrivons à ce que vous attendez de moi... — il s'agit de collaborer à l'un de ces crimes déguisés que la loi ne saurait atteindre...

Hermann fit un geste de violente dénégation.

— Un crime !! — répéta-t-il. — Vous parlez d'un crime ??...

— Parfaitement.

— Ma chère Adah, vous êtes folle !...

— Oh ! que non pas, et vous le savez bien... —

J'appelle les choses par leur nom, voilà tout... Je remplace les périphrases hypocrites par le mot propre brutal... — Le crime en question, d'ailleurs, ne m'inspire qu'une médiocre épouvante... — La Fornarina, cette égrillarde boulangère, a tué Raphaël à force d'amour, et personne ne songe à le lui reprocher... — Je puis bien conduire votre antique ami à la gare de Cythère où il prendra son billet pour l'autre monde, train express, grande vitesse... — Je ferai cela volontiers, mais à prix débattu, et je vous préviens que ce sera cher...

Hermann s'attendait bien à quelques exigences de la part de mademoiselle Bijou, mais il se croyait certain d'avance de la ramener sans trop de peine à une modération relative, et il y parvint en effet.

Nous ne mettrons point sous les yeux de nos lecteurs les clauses du traité longuement débattu entre *la Torpille* et le prétendu baron de Précy, traité qui serait pour eux sans le moindre intérêt.

Il nous suffira de leur apprendre qu'Adah et le caissier étaient d'accord sur tous les points quand ils se séparèrent.

Hermann avait donné des arrhes en allégeant son portefeuille de trois ou quatre billets de banque, indispensables pour adoucir momentanément le plus impitoyablement farouche des créanciers de Bijou, la marchande à la toilette, cette providence moderne qui seule pouvait en moins de deux heures improviser un costume de soirée, adorablement ajusté, et y joindre les menus accessoires sans nombre constituant l'arsenal formidable et coquet d'une jolie fille en tenue de combat.

Il fut convenu qu'Adah, réconciliée à beaux deniers comptants avec madame *Casimir* — (la providence en question) — serait prête à dix heures précises, et qu'une voiture viendrait la prendre à sa porte pour la conduire rue de Boulogne chez le baron de Précy qui lui présenterait, séance tenante, Maurice Villars...

VIII

On se plaignait déjà, il y a vingt ans, des exigences toujours croissantes de la vie matérielle à Paris, et des prix impossibles des loyers.

Ces prix cependant ne ressemblaient guère à ce qu'ils sont devenus au moment où nous écrivons ce livre.

Hermann Vogel, — sous le pseudonyme de baron de Précy, — payait mille écus, en 1859, un appartement qui se louerait en 1878 six ou sept mille francs, tout au moins.

Cet appartement situé rue de Boulogne, au premier étage d'une belle maison, était vaste, bien distribué, et décoré avec une élégance relative. — Rien n'y manquait de ce qui constitue le nec-plus-ultra de cette richesse un peu vulgaire que les bons bourgeois définissent par le mot : *cossu*.

Les plafonds peints à l'huile offraient un ingénieux mélange de petits amours et de grands oiseaux volant dans un ciel bleu lapis.

L'or étincelait sur les corniches et ruisselait sur les moulures des portes et des boiseries.

Nous savons que Vogel, avant son mariage, n'habitait point d'une façon régulière cet appartement qu'il avait fait meubler par |Lebel-Girard, mais il y venait en bonne fortune, il y donnait des soirées intimes et des soupers fins à ses amis et à ses amies; bref, voulant s'offrir une revanche éclatante des assujettissements de sa position véritable, il y tranchait du grand seigneur et du millionnaire avec une admirable désinvolture.

Les deux domestiques, — un valet de chambre et une cuisinière, — payés grassement et passant leur vie dans un *far-niente* à peu près continuel, prenaient leur maître très au sérieux, le regardaient de la meilleure foi du monde comme un homme très-riche et du plus grand monde, obligé de sauvegarder certaines convenances, et — (pour parler leur langage), — de *faire ses farces à la sourdine.*

Ils s'accommodaient fort d'une position si enviable, et bénissaient soir et matin leur bonne étoile qui leur procurait ces loisirs.

Hâtons-nous d'ajouter que toutes les fois que

monsieur le baron avait besoin de leurs services, ils rivalisaient de zèle et se surpassaient.

La cuisinière se montrait alors cordon bleu incomparable.

Le valet de chambre devenait un maître d'hôtel de premier ordre, et sans bruit, sans embarras, se multipliant, faisait à lui tout seul la besogne de trois ou quatre valets de pied.

L'appartement se composait d'un vestibule, d'un grand salon, d'un salon plus petit servant de boudoir, de fumoir, de salle de jeu, d'une vaste salle à manger et de trois chambres à coucher avec leurs cabinets de toilette.

Vogel, sans cesse à court, ne voulant pas dépasser une certaine somme et s'adressant à Lebel-Girard, le tapissier à la mode, lui avait recommandé d'éviter le luxe et de chercher la coquetterie.

Lebel-Girard s'était conformé strictement aux indications de son client.

Le logis de la rue de Boulogne, grâce aux formes gracieuses des meubles et aux nuances vives des étoffes sans grande valeur, avait l'air d'un nid de jolie femme. — Toutes les pièces semblaient des boudoirs.

L'une des chambres à coucher, communiquant tout à la fois avec le vestibule et avec le grand salon, était devenue un confortable cabinet de toilette pour les invitées du *baron*.

Ces dames y trouvaient des eaux de senteur, de la poudre de riz, de la veloutine, des parfums de vingt espèces, du blanc, du rouge, du coheul, des crayons noirs et des crayons bleus, des houppes, des pattes de lièvre, tout ce qu'il fallait enfin pour donner *le petit coup de fion* à un joli visage maquillé *secundum artem*.

Deux grandes glaces, descendant jusqu'au tapis, permettaient de réparer avec connaissance de cause le plus petit désordre survenu dans l'ensemble du costume, et la moindre irrégularité dans les plis de la traîne.

Généralement, après souper, les amies du *baron* allaient passer mystérieusement dix minutes dans cette pièce spéciale ; elles en sortaient aussi fraîches, aussi *veloutées* qu'au moment de se mettre à table.

On voit que notre ancienne connaissance Lebel-Girard, tapissier du *high-life* et du monde galant, avait fait preuve de tact et de goût...

Le total de sa facture payée comptant ne dépassa cependant pas quinze mille francs...

Neuf heures du soir venaient de sonner successivement aux trois ou quatre pendules de l'appartement.

Les bougies des lustres, des candélabres, des appliques, allumées partout, éclairaient *à giorno* les diverses pièces.

Vogel en habit noir et en cravate blanche, très-soigné, très correct, mais soucieux, vieilli, le regard sombre, la lèvre crispée, se promenait seul dans le grand salon, tournant et retournant sur lui-même comme un fauve prisonnier dans sa cage.

Il avait invité une dizaine de gentlemen et autant de femmes.

Personne n'était encore arrivé.

Ceci ne pouvait l'étonner d'ailleurs, et il ne s'en étonnait point ; mais il songeait à sa situation effrayante, à ce cercle fatal au milieu duquel il se sentait captif, et qui n'avait qu'une seule issue, — l'issue terrible que nous connaissons. — Cela nous explique l'agitation de son allure, la contraction de ses traits, l'expression de son regard.

Le valet de chambre Adolphe, aussi correct, non moins bien vêtu que son maître, et beaucoup plus calme, attendait sur une banquette en lisant un journal du soir.

Le timbre du vestibule résonna.

Vogel tressaillit en l'entendant.

— Quelqu'un... — murmura-t-il. — Tant mieux... — Je ne serai plus seul... — Cette pensée qui m'obsède et qui m'épouvante fera trêve un instant...

La porte du salon s'ouvrit.

Le valet de chambre annonça :

— Monsieur le comte de Lorbac...

Charles Laurent, le sourire aux lèvres, la main tendue, s'approcha d'Hermann en s'écriant :

— Bonsoir, baron !... — J'avais hâte de vous voir, aussi j'arrive le premier...

— Soyez le bienvenu, cher comte... — répliqua Vogel.

Il était superbe ce soir-là, Charles Laurent. — Il jouait l'homme du monde et le diplomate de manière à produire une illusion complète pour un observateur un peu superficiel. — Jamais comte de Lorbac ne fut plus vraisemblable.

Un habile coiffeur frisant au petit fer les cheveux déjà rares du gredin émérite, les faisant foisonner sur le crâne et les ramenant vers les tempes, avait dissimulé la naissante calvitie et les mèches grisonnantes.

La poudre de riz éclaircissait le teint et cachait les petites rides fines et profondes.

Une légère touche de bistre posée sous la paupière avivait le regard.

Les longues moustaches se retroussaient en crocs victorieux. — Les favoris parfumés s'enroulaient de façon coquette.

Charles Laurent paraissait à peine son âge.

Un habit noir admirablement fait modelait son torse élégant.

Son gilet à un seul bouton découvrait le plastron éblouissant de la chemise que fermaient trois petites perles.

Son pantalon demi-collant, ajusté sur les bas de soie noire, dessinait des jambes comme on n'en voit guère depuis que la mode des culottes courtes a disparu.

Charles Laurent tenait à la main un chapeau doublé de satin blanc et portant au fond de la coiffe les initiales de son nom de guerre et la couronne de comte imprimées en or.

Une demi-douzaine de décorations minuscules remplaçaient sa rosette multicolore, et cliquetaient sur le revers gauche de son habit.

Enfin le pseudo-comte de Lorbac portait au cou, soutenue par un large ruban rouge que bordait un liseré jaune imperceptible, la croix de commandeur d'un ordre quelque peu fantaisiste dont il venait de s'offrir le brevet.

Tout cela avait grand air.

Les deux hommes échangèrent une poignée de main, puis Charles Laurent, se penchant vers Vogel, lui dit tout bas :

— Votre domestique ne peut nous entendre?...

— Non...

— Vous en êtes sûr?

— Parfaitement... — Il est à son poste dans l'antichambre...—Ah çà, mon cher, vous avez donc quelque chose de très-confidentiel à me dire?...

Le nouveau venu fit un signe affirmatif.

— Eh! bien, parlez sans crainte... — reprit Hermann. — Nous sommes à l'abri de toute oreille indiscrète...

IX

Hermann Vogel et Charles Laurent, dans l'habitude de la vie, se donnaient leurs noms véritables, mais, dans ce milieu particulier où leurs pseudonymes aristocratiques étaient de mise, ils s'appelaient *comte* et *baron* gros comme le bras, même lorsque personne ne pouvait les entendre.

Question d'habitude ou de prudence, comme on voudra. — Nous enregistrons le fait sans le commenter.

Le pseudo-Lorbac prit le bras du maître du logis, et, tout en l'emmenant vers le boudoir qui se trouvait au fond de l'appartement et que les portières relevées n'isolaient plus du grand salon, il lui demanda :

4.

— Serons-nous nombreux ce soir, cher comte?

— Vingt-trois ou vingt-quatre, je pense... — répondit Vogel.

— Jouera-t-on?

— C'est probable... — Vous pouvez voir d'ici que tout est disposé comme d'habitude, table ronde au milieu pour le lansquenet ou le baccara, au gré des joueurs, tables de bouillotte et d'écarté dans les angles... — Existe-t-il quelque rapport, mon cher baron, entre la question que vous m'adressez et la communication importante et mystérieuse que vous devez me faire?...

— Un rapport direct... — répliqua Charles Laurent. — Mais agréez d'abord, s'il vous plaît, mes excuses...

— Des excuses? à quel propos?...

— Je me suis permis, sans y être préalablement autorisé par vous, de donner rendez-vous ici à quelqu'un que je vous présenterai ce soir...

— A un homme? — s'écria Vogel.

— Oui.

Les sourcils du baron de fantaisie se contractèrent et sa physionomie exprima le mécontentement le plus vif.

— Ce que vous avez fait là, mon cher comte, — dit-il d'un ton sec, — est d'une inconcevable imprudence! — Une si prodigieuse légèreté m'étonne beaucoup de votre part!! — A quoi vous servent votre intelligence et votre esprit si vous ne comprenez pas qu'une présentation improvisée est effroyablement dangereuse?? — Vous pouvez tout compromettre, vous risquez de tout perdre, en amenant au *baron de Précy* une connaissance du *caissier Vogel!!* — Aviez-vous réfléchi à cela?

— Très-bien... — mais dans le cas présent, le danger n'existe pas...

— En êtes-vous sûr?

— Autant qu'on le puisse être, et c'est pour cela que j'ai pris le parti d'agir à votre insu... — Le temps me manquait pour vous consulter et je voulais saisir par les cheveux l'occasion qui s'offrait à moi...

— Nous avons donc un intérêt à cette présentation?...

— Nous pouvons, tout au moins, en avoir un très-grand...

— Expliquez-vous, cher comte, et point de phrases inutiles... — Mes invités, d'un moment à l'autre, couperont court à notre entretien...

— Voici: — Connaissez-vous ce nom?

Charles Laurent, en disant ce qui précède, tirait de sa poche une carte de visite et la tendait à Vogel.

Ce dernier lut à haute voix:

— *Graf von Angélis...* — C'est à coup sûr un nom

allemand, — ajouta-t-il, — mais il m'est inconnu...

— Le comte d'Angélis, — reprit Charles Laurent, — gentilhomme poméranien bien élevé, parlant le français d'une façon correcte et presque sans accent, est à peu près de votre âge et beau garçon comme vous ; — il vous ressemble même vaguement, sinon de visage, au moins de tournure... Ses cheveux blonds, sa barbe fauve en éventail, lui donnent avec vous un air de famille...

— C'est bien de l'honneur pour moi!!... — dit Vogel en riant.

— Ces détails, quoique nécessaires, sont d'importance minime... — poursuivit le pseudo-Lorbac. — J'arrive aux choses intéressantes... La situation du Poméranien est celle-ci : — Il a perdu son père et sa mère ; il n'a ni frères ni sœurs, ni parents un peu proches... — Il est le dernier de sa race et le seul de son nom... — Il y a six mois, avant de quitter son château vermoulu et son pays natal où il s'ennuyait à périr et où il compte ne jamais remettre les pieds, il a réalisé les sept huitièmes de sa fortune en traites à vue et au porteur sur des maisons importantes de Paris, de Londres, de Milan, de Madrid et de New-York, car ce jeune homme adore les voyages et se propose d'entamer, avant qu'il soit peu, des pérégrinations sans fin... — Il habite depuis trois mois, absolument seul, un petit entre-sol meublé de la rue Basse-du-Rempart, dans le premier corps de logis d'une immense maison portant le n°***

— Je vois ça d'ici, — interrompit Hermann, — trois corps de logis, trois grandes cours, et tout au fond des établissements de marchands de chevaux et de loueurs de voitures...

— Juste! — reprit Charles Laurent. — C'est un immeuble de rapport, mais assez mal famé... — Le comte d'Angélis, n'allant ni dans le monde officiel, ni dans le monde aristocratique, s'est logé là pou y recevoir à son aise les jeunes personnes sans préjugés qui lui font la joie de mettre au pillage son porte-monnaie bien garni, et ces demoiselles sont nombreuses... Ce Poméranien étant un pigeon, c'est pain bénit de le plumer un peu... — Je l'ai rencontré cinq ou six fois dans des tripots demi-mondains où mon nom de Lorbac et mon titre de comte me donnent un relief de pemier ordre... — Le dernier des Angélis s'est entiché de moi... il m'enveloppe de considération... il me consulte... il m'admire... — C'est un naïf et un joueur... — Il s'emballe dans la déveine et, quand il a perdu la tête, il tire à cinq au baccara... — En aidant un peu le hasard on peut lui gagner de grosses sommes, avec la certitude absolue que le brave garçon n'y verra que du feu...

— Je commence à comprendre... — murmura Vogel.

— L'idée m'est venue, — poursuivit Charles Laurent, — de l'amener sur un terrain propice, où je pourrais agir en toute liberté...

— Et vous avez choisi ma maison...

— Ai-je eu tort ?

— Non pas...

— J'étais sans rival autrefois dans ces *habiletés* auxquelles on donne de vilains noms... — J'ai *travaillé* hier pendant une heure, et je me suis prouvé facilement que je n'avais rien perdu de ma force... Sûr de moi-même désormais, j'ai proposé au Poméranien de le présenter à mon ami bien cher le baron de Précy, homme aimable chez qui l'on rencontre les plus charmantes femmes de Paris et les joueurs les plus sérieux des grands cercles... Cette proposition l'a comblé d'une joie si vive qu'il ne savait comment me témoigner sa gratitude... — Bref, il viendra me demander ce soir, un peu après dix heures, avec un portefeuille bien garni... — De mon côté j'ai dans mes poches d'assez jolis paquets de cartes préparées dont vous me direz des nouvelles... — Présentement vous savez tout, cher baron... — Suis-je excusé ?...

— Certes, et s'il devient nécessaire de vous donner

un bon coup de main, comptez sur moi... — Il est bien entendu que nous partagerons...

— Je l'ai toujours compris ainsi!... Oui, nous partagerons en frères... — Mais il y a encore autre chose... — J'ai sur le Poméranien certaines idées dont je vous parlerai plus tard...

— Pourquoi pas tout de suite ?

— Il est trop tôt... — Le projet n'est pas mûr... — Je puis vous dire cependant qu'il s'agirait de nous remettre à flot en dépouillant radicalement notre homme, ce qui nous permettrait de mener à bonne fin ma colossale entreprise des billets de banque contrefaits... — Voilà l'objectif... — Les moyens d'exécution me font encore défaut, mais je cherche... Je trouverai... Nous en recauserons...

— Songez que le temps presse ! — dit Vogel. — Tout craque autour de nous !! — L'effondrement est proche... — Cette malheureuse traite de mille écus a sonné le tocsin!... On veille...

— Bah! vous êtes un alarmiste... — Nous nous en tirerons, vous verrez!... — A propos, cher baron, donnez-moi des nouvelles de la jolie madame Vogel...

— Madame Vogel va le mieux du monde... — répondit sèchement Hermann, qui n'aimait point que Charles Laurent lui parlât de Valentine.

— Toujours à la campagne ?

— Toujours.

— Présentez-lui, je vous prie, mes hommages...

— Je n'y manquerai pas...

La conservation en était là.

Le timbre du vestibule retentit.

Le valet de chambre ouvrit la porte du premier salon et annonça :

— Monsieur Maurice Villars...

X

Maurice Villars, — disions-nous au début de ce récit, en présentant l'oncle de Valentine à nos lecteurs, — n'avait que cinquante-quatre ou cinquante-cinq ans, mais il paraissait presque centenaire, ou du moins on ne pouvait faire sur son âge que des conjectures vagues et erronées, tant il offrait la navrante image de la décrépitude dans ce qu'elle a de plus repoussant, — la décrépitude parée, maquillée, voulant à tout prix s'embellir.

Depuis cette époque, le célibataire semblait vieilli de vingt ans au moins.

Il entra dans le salon en redressant son échine raidie et en s'efforçant de se donner une allure leste et dégagée, mais cette tentative fut au moment de lui jouer un mauvais tour, car il chancela dès les premiers pas et se serait abattu certainement si Vogel, qui s'avançait vivement à sa rencontre, ne se fût précipité pour le soutenir.

— Ma parole d'honneur, cher ami, j'ai failli tomber...— dit-il d'une voix caverneuse et chevrotante en se cramponnant au bras de son hôte. — C'est la chose la plus étonnante, la plus inexplicable, car vous savez si je suis solide...

— Vous avez fait un faux pas, mon bon Maurice... — répliqua Vogel, — cela arrive à tout le monde...

— Oui, sans doute, mais ça ne m'arrive jamais à moi... — Bonsoir, comte... — ajouta Maurice Villars en donnant une poignée de main à Charles Laurent. — Enchanté de vous voir, enchanté tout à fait...

Le vieux garçon était vêtu avec une recherche, ou pour mieux dire avec une coquetterie prodigieuse et d'un goût contestable. — Le travail de restauration accompli sur son visage méritait de ne point passer inaperçu.

Sa perruque brune à raie médiane offrait les ondulations les plus juvéniles qu'il fût possible d'imaginer.

Une couche épaisse de pastel avait mission de dissimuler les rides et les boursouflures de l'épiderme facial. — Les lèvres étaient d'un rouge violent et les moustaches d'un noir brutal.

Rien ne se pouvait imaginer de plus étrange et de plus grotesque à la fois que cette tête de mort maquillée.

Le col, rabattu très-bas sur la mince cravate blanche, laissait voir le cou, plissé rouge et rugueux comme celui d'un dindon.

Maurice Villars portait un gilet en cœur de satin noir à boutons de corail sur un transparent de soie cramoisie. — Trois gros diamants fermaient sa chemise.

Un énorme gardénia fleurissait à sa boutonnière.

Ses pauvres petites jambes en fuseau ballottaient dans un pantalon noir rembourré comme un maillot et dont les mollets postiches avaient tourné légèrement.

Il tenait de la main gauche, avec désinvolture, un *claque* doublé de satin rose et muni d'une passementerie constellée de perles d'acier.

Ce fantôme fardé et chancelant, ce spectre sinistre et comique était, de la tête aux pieds, inondé de parfums.

A ces émanations, où le musc et l'ambre s'unissaient au bouquet de Chantilly, semblait se mêler une sorte de senteur terreuse et sépulcrale.

Toutes les minutes, ou à peu près, Maurice Villars avait un petit accès de toux. — Des flocons d'écume rougeâtre apparaissaient alors aux commissures de ses lèvres peintes qu'il tamponnait délicatement avec son mouchoir en ayant soin, dans ce geste, de faire étinceler l'énorme diamant d'une lourde bague qu'il portait *par-dessus* son gant au doigt annulaire de la main doite.

— J'arrive de bonne heure, cher... — dit-il après une quinte plus longue que les précédentes, — je voulais être des premiers à vous serrer la main...

— Vous avez eu raison cent fois, mon bon Maurice... — répliqua Vogel.

— Serons-nous nombreux ce soir ?

— Une vingtaine...

— Des deux sexes ?

— Bien entendu...

— Aurez-vous de très-jolies femmme ?...

— J'espère qu'elles vous paraîtront telles... — Vous en connaissez d'ailleurs quelques-unes...

— Charmantes !... — fit Maurice Villars — Toutes charmantes, positivement ! Mais je parle du fruit nouveau... — Nous régalerez-vous de fruit nouveau ?

— Ah! ah! très-cher, il vous faut des primeurs ! — s'écria en riant le prétendu baron de Précy, — Commenceriez-vous donc, par hasard, à vous blaser?

— Assurément non !... — répondit le célibataire avec une naïveté parfaite et une conviction absolue.

— Je suis d'une verdeur à ne me blaser point, même quand je serai moins jeune, mais le piquant de l'inédit me stimule, j'en conviens sans peine... — Pouvons-nous espérer des beautés inédites ?...

— Je vous en promets du moins une...

— Digne d'une attention sérieuse ?...

— Oui.

— Alors, vraiment jolie ?...

— Mieux que jolie... éblouissante... incomparable... vertigineuse...

— Ah! diable!... Et comment la nommez-vous, cette merveille !

— Adah Bijou...

— Connais pas...

— En général où ne la connaît guère... — Elle a vécu, jusqu'à ce jour, plus à l'étranger qu'à Paris... — D'ailleurs elle se prodigue peu... — Une bien drôle de fille, allez!... Un type original !...

— En quoi ?...

— Adah Bijou n'est point une vertu, tant s'en faut, mais elle diffère essentiellement des autres courtisanes, surtout et avant tout vénales, traitant l'amour comme une affaire, et tendres à prix débattu... — Sans dédaigner la question d'argent, l'étrange créature ne la place qu'en seconde ligne... — Pour l'obtenir il ne suffit pas d'être riche, il s'agit de lui plaire...

Une pâle lueur s'alluma tout au fond des prunelles ternies de Maurice Villars, comme une petite flamme tremblotante derrière les vitres poudreuses d'une lanterne.

Ce squelette égrillard eut un geste d'une adorable fatuité.

Il entreprit, mais sans succès, de pirouetter sur son talon gauche, et retroussa la pointe de sa moustache d'un noir bleu en répétant :

— Il s'agit de lui plaire... — Eh, bien ! on tachera...

Vogel entendit cette exclamation et se mordit les lèvres pour ne pas sourire.

Charles Laurent tourna le dos en riant de tout son cœur.

L'entretien des deux intimes fut interrompu par l'arrivée de quelques personnes, et à partir de ce moment le valet de chambre ouvrit dix ou douze fois de suite, en moins de cinq minutes, la porte du salon.

Maurice Villars, très-préoccupé, guettait les femmes. — Quand il connaissait les nouvelles venues, il leur adressait au passage une phrase de triviale galanterie, mais d'un air de distraction manifeste.

Evidemment les paroles du maître du logis avaient produit une impression profonde sur son imagination sénile. — Il attendait avec une fiévreuse impatience.

Enfin, un peu après dix heures, le domestique si correct du baron de Précy fit vibrer toutes les fibres du vieux garçon en annonçant d'un ton plein d'emphase :

— Mademoiselle Adah Bijou !...

En même temps la jolie fille, dont nous avons tracé le portrait dans l'un des précédents chapitres, faisait une entrée triomphale.

L'alliée future de Vogel avait été bien servie par la marchande à la toilette, sa créancière farouche devenue sa collaboratrice enthousiaste.

Le costume improvisé par madame Casimir, une robe très-simple à corsage décolleté, sans manches, laissant par conséquent les bras nus jusqu'aux épaules, était d'une nuance rose tellement pâle que c'est à peine si l'on pouvait distinguer, à quelques pas, où finissait l'étoffe, où commençait la chair.

Dans ce costume d'un ton si doux, Adah ressemblait à une fleur vivante exhalant autour d'elle un parfum capiteux...

Sa chevelure soyeuse et couleur de cuivre, ébouriffée sur sa tête mignonne dans un désordre exquis, et inondant le front et les épaules de mèches folles, lui donnait un cachet bizarre et une originalité provocante.

Un petit murmure d'admiration s'éleva.

Hermann Vogel avait eu soin de se rapprocher de Maurice Villars.

— Eh, bien ! cher, — lui demanda-t-il à demi-voix, — comment la trouvez-vous ?...

Pour toute réponse, le vieux garçon murmura ces deux mots :

— Présentez-moi...

— Venez...

Le prétendu baron de Précy conduisit l'oncle de Valentine à mademoiselle Bijou, et dit à celle-ci en lui serrant la main d'une façon significative :

— Ma belle Adah, je vous présente mon meilleur ami, Maurice Villars... — il vous trouve adorable et veut vous faire sa cour... — Je vous préviens qu'il est dangereux, prenez donc garde à votre cœur !

XI

Aussitôt après la présentation de Maurice Villars à mademoiselle Adah Bijou, Hermann Vogel s'éloigna pour laisser l'oncle de Valentine *faire sa cour* à la jeune femme qui, par suite des conventions intervenues entre elle et le caissier, l'accueillit avec la plus encourageante bienveillance.

Charles Laurent saisit au passage le bras du maître du logis.

— Ah! çà, — murmura-t-il à voix basse à son oreille, avec un singulier sourire, — vous avez donc des motifs sérieux de souhaiter à bref délai l'enterrement de ce pauvre Maurice?...

— A quel propos me demandez-vous cela? — fit Hermann en fronçant le sourcil.

— Vous le savez aussi bien que moi, mon cher...
— Cette fille étourdissante — (une trouvaille, mes compliments!) — est chez vous dans un but spécial, cela saute aux yeux! — Elle va jouer à votre profit, ce soir, le rôle capital d'une tragi-comédie dont vous êtes l'auteur...

— Et quand cela serait?

Le pseudo-Lorbac n'eut pas le temps de répondre.

Le valet de chambre, qui depuis un instant semblait chercher quelqu'un au milieu des groupes, l'aperçut, s'approcha de lui et murmura d'un ton discret:

— Un gentleman dont voici la carte sollicite l'honneur de parler à monsieur le comte... — Ce gentleman attend dans le vestibule...

— C'est le comte d'Angélis... — dit Charles Laurent à Vogel. — Je vais le chercher et je vous l'amène...

— Allez... — Pour vous être agréable je l'accueillerai comme un vieil ami...

Le faussaire émérite quitta le salon où il revint au bout d'un instant en compagnie d'un jeune homme blond, d'apparence distinguée, de tournure élégante, mis avec une recherche de bon goût, et portant sa barbe en éventail.

Ce jeune homme offrait, comme Vogel, le type allemand très-accentué.

Ainsi que nous avons entendu Charles Laurent l'affirmer, il ressemblait d'une façon vague au caissier; il existait entre eux, tout au moins, un grand air de famille.

En disant que les deux jeunes gens étaient frères on n'aurait à coup sûr étonné personne.

Le mari de Valentine fit quelque pas à sa rencontre et lui serra les mains avec empressement.

— Vous m'étiez annoncé, monsieur le comte, par l'homme du monde que j'estime et que j'affectionne le plus! — lui dit-il. — La recommandation du comte de Lorbac, notre ami commun, vous donne tous les droits possibles à ma sympathie... — Soyez le bienvenu et désormais regardez, je vous en prie, ma maison comme la vôtre...

Le Poméranien, enchanté de cet accueil affectueux, témoigna sa très-vive gratitude à son hôte, puis Charles Laurent, s'emparant de lui, le conduisit dans le boudoir métamorphosé en tripot mondain.

— La table de baccara était entourée de joueurs et de joueuses qui pontaient faiblement.

— Vous m'aviez parlé d'une grosse partie... — dit M. d'Angélis à son officieux pilote.

— Patience, cher comte, — répliqua ce dernier en souriant. — Cela commence toujours ainsi... — On débute par un petit *bac* de famille, puis on s'anime peu à peu et la partie devient intéressante... —Mais c'est surtout après le souper que les gros joueurs ouvrent leurs portefeuilles... — Vers deux heures du matin vous verrez se produire très-bien des *différences* de cent mille francs...

— Bravo! — s'écria le Poméranien, — quand on ne fait qu'*amuser le tapis*, comme vous dites, je crois, vous autres Français, cela me porte sur les nerfs...

Il ponta cependant quelques louis et les perdit.

— Je vous propose une partie d'écarté, — fit le pseudo-Lorbac, — ce sera plus vivant...

— J'accepte... — Combien jouerons nous?...

— Je suis un joueur modeste, moi... — Commençons par cinq louis... — Cela vous va-t-il?

— Parfaitement.

Les deux hommes s'assirent en face l'un de l'autre. — Charles Laurent perdit coup sur coup cinq parties et paya vingt-cinq louis.

— Vous me semblez fort en déveine, cher comte... — dit M. d'Angélis — Continuons-nous?

— Pourquoi non? — La chance me viendra peut-être plus tard...

La petite table des joueurs d'écarté se trouvait dans un angle au fond de la pièce, près d'un large divan inoccupé.

Tout à coup le Poméranien tressaillit d'une façon

si brusque et si visible que son adversaire se demanda :

— Qu'a-t-il donc ?

Il se retourna en s'adressant cette question et il eut le mot de l'énigme.

Adah Bijou, la main appuyée sur le bras tremblant de Maurice Villars, venait d'entrer dans le salon de jeu, et le vieillard la conduisait vers le large divan dont nous avons signalé la présence.

Tout en marchant d'un pas mal affermi ce squelette fardé attachait sur la jeune femme ses yeux caves dont les prunelles semblaient phosphorescentes, et il balbutiait à son oreille des paroles incohérentes qui témoignaient bien du soudain et complet détraquement de son cerveau.

La sirène aux cheveux couleur de cuivre, la tête un peu penchée, le regardait de bas en haut, l'écoutait d'un air charmé, semblait le comprendre le mieux du monde, et montrait ses dents blanches dans un adorable sourire capable de damner saint Antoine, dont cependant l'héroïque résistance aux jolies sorcières diaboliques est bien connue.

Maurice Villars, que ses jambes étiques refusaient de porter plus longtemps, se laissa tomber sur le divan.

Adah Bijou s'assit à côté de lui, et, par une suite de mouvements d'une grâce féline incomparable, appuya presque son torse éclatant et demi-nu contre les épaules du vieux garçon qu'enivraient ainsi doublement la beauté vertigineuse et les parfums capiteux de la charmeuse.

Tous deux se mirent alors à causer à voix basse.

Par instants la jeune femme égrenait les fusées d'un rire frais et sonore et secouait coquettement la tête comme pour dire : *Non !*

Puis, une minute après, afin sans doute d'enlever à ses refus toute signification décourageante, elle laissait ses mèches folles effleurer les lèvres peintes de Maurice Villars.

Ce semblant de caresse produisait chez l'oncle de Valentine une émotion si vive que son vieux corps usé frémissait, agité de tressaillements pareils à ceux que détermine l'étincelle d'une puissante pile de Volta, agissant sur le système nerveux d'un cadavre.

A partir de l'entrée de mademoiselle Bijou dans le petit salon, le comte d'Angélis cessa d'être à son jeu.

Sa distraction grandit lorsque la pécheresse et son antique adorateur eurent pris place à quelques pas de lui.

Il enveloppait Adah d'un long regard ardent, il s'absorbait dans une contemplation extatique, ne sachant plus ce qu'il faisait, entassant faute sur faute, écartant et donnant des cartes au hasard, ne songeant point enfin à marquer le roi, si par hasard il l'avait dans la main.

Charles Laurent, — (à peine avons nous besoin de le dire) — profita le mieux du monde du déraillement moral de son adversaire, qui ne songeait point d'ailleurs à déserter la table de jeu, puisqu'en la quittant il lui faudrait en même temps s'éloigner de l'inconnue qui le fascinait.

Le pseudo-Lorbac, sans même se donner la peine de recourir aux cartes biseautées dont il s'était muni, gagna haut la main partie sur partie, et comme, aussitôt en bénéfice, il avait pris soin de jouer le paroli, doublant à chaque coup son enjeu, il empocha fort lestement trois ou quatre billets de mille francs, en se promettant bien de ne pas signaler cette aubaine à son excellent ami Vogel.

Et, tout en trichant sans scrupule le Poméranien, il pensait :

— Ou je n'y connais pas grand'chose, ce qui m'étonnerait beaucoup, ou voilà bel et bien une grande passion naissante !... — Qui sait si le hasard ne m'envoie pas fort à propos les moyens d'action nécessaires pour mener à bonne fin le plan que j'ai conçu... — Il y a là peut-être une idée en germe... je la creuserai et nous verrons...

Sur ces entrefaites Maurice Villars, agité plus que

de raison par son amoureux entretien, et surtout par le voisinage immédiat et galvanisant de *la Torpille*, fut pris d'une quinte de toux plus grave et plus longue que les précédentes.

On put le croire au moment d'étouffer. — Son visage livide s'empourpra sous la couche de pastel qui couvrait l'épiderme, et l'écume qui vint à ses lèvres mit une large tache rouge sur la batiste de son mouchoir parfumé.

— Il vous faudrait un calmant, cher monsieur... — murmura mademoiselle Bijou avec un semblant de vif intérêt, lorque cette violente crise fut enfin terminée.

— Un calmant... — répéta le vieillard d'une voix sifflante... — Allons donc !... je n'ai besoin que de toniques... — Un verre ou deux de vin de Xérès viendront à bout de ce rhume opiniâtre...

— Allons boire du Xérès alors, puisque telle est votre tisane... — répliqua la jeune femme en riant.

Puis aidant Maurice Villars à quitter le divan et le soutenant avec énergie, car il faiblissait à chaque pas, elle sortit en sa compagnie du salon de jeu.

— J'ai perdu... — s'écria le Poméranien, sans même achever la partie. — Cet argent est à vous, monsieur le comte...

Et il se leva à son tour.

XII

— Nous ne continuons pas? — demanda Charles Laurent.

M. d'Angélis secoua la tête.

— Non... — murmura-t-il, — pas en ce moment...

— Je suis prêt cependant à vous donner revanche sur revanche... — poursuivit l'impudent gredin. — Il est impossible qu'une veine insolente comme celle que je viens d'avoir ne touche pas à son terme... — Je désire reperdre... — Encore une ou deux parties, monsieur le comte, voulez-vous?

Le Poméranien fit un nouveau signe négatif.

— Vous ne m'avez gagné qu'une bagatelle... — répliqua-t-il — Je vous demanderai ma revanche un autre jour...

— L'écarté vous fatigue peut-être ?...

— Oui ! c'est cela...

— Vous plairait-il tenir une banque à la table de baccara ?

— Non... — Je ne jouerai plus cette nuit...

Le prétendu Lorbac feignit une surprise extrême et s'écria :

— Je vous croyais amant très-épris de la dame de cœur et de la dame de pique ! !

— Je le suis en effet...

— Alors, que vous arrive-t-il ?

M. d'Angélis parut hésiter avant de répondre à cette question, puis il se décida brusquement.

— Quoique je n'aie pas l'honneur d'être connu de vous depuis longtemps, — fit-il, — je pense, monsieur le comte, que vous êtes mon ami...

— Absolument et très chaudement ! — répondit le Lorbac. — Je vous remercie de n'en pas douter... — Faites-moi le plaisir de me mettre à l'épreuve, et vous verrez...

Un échange de poignées de main suivit ces paroles chaleureuses.

Charles Laurent pensait :

— Parbleu ! ce qu'il va me raconter, je le sais comme lui !

Le Poméranien reprit :

— Avez-vous remarqué que depuis une demi-heure je n'ai plus du tout ma tête à moi...

— Franchement, je n'ai rien vu de semblable... — Un peu de préoccupation peut-être, mais j'ai pensé qu'au jeu vous étiez habituellement ainsi...

— Non... non... jamais ainsi!... — Toujours maître de moi!... — Mais cette nuit, comme le disait au dernier siècle un de vos écrivains, j'ai *reçu le coup de foudre...*

Charles Laurent joua de nouveau la surprise.

— Le coup de foudre? — répéta-t-il. — Expliquez-vous, cher comte, s'il vous plait... Que veut dire cela?...

— Cela veut dire que je suis amoureux jusqu'à la folie...

— Et de qui?...

M. d'Angélis étendit la main vers le divan, et répondit :

— De la femme qui, tout à l'heure, était là avec un vieillard...

— Adah Bijou!! — murmura Charles Laurent.

— Vous la connaissez?... — demanda le Poméranien avec feu.

— Tout le monde la connaît...

— Qui est-elle?...

— Une jolie femme, assurément...

— Oh! plus que jolie!! — s'écria d'Angélis — Plus que jolie et plus que belle!! — Je ne croyais point avant ce soir qu'une créature aussi séduisante existât sur la terre!!... — Je l'aime, et je la veux!!

— Diable! — fit le Lorbac. — Vous voulez!... Vous voulez!... C'est bientôt dit... — Mais il faut qu'elle veuille aussi pour que l'aventure soit possible?...

— Est-ce qu'elle ne l'est pas?...

— Dame! Elle est du moins difficile...

— Pourquoi? — Les invitées du baron de Précy, — vous me l'avez affirmé vous-même — ne sont point des vestales... — L'adorable Adah Bijou est-elle une exception et faut-il croire à sa vertu?...

— Non pas!...

— Eh bien, alors?... — Songez donc que je suis très-riche et que je jette l'or sans compter pour un caprice... à plus forte raison pour une passion...

— Cher comte, vous êtes en déveine!... — répéta l'interlocuteur du Poméranien, — Vous arrivez au mauvais moment!... — Il y a quelques mois je vous aurais dit : — « *La réussite est sûre!* » — Je vous dis aujourd'hui : — « *Le succès est douteux!...* »

— Adah Bijou a-t-elle un amant qu'elle adore?...

— Ceci ne serait rien... — Dans le milieu galant et parisien, plus on adore et mieux on trompe... — Non, Bijou n'aime personne... — A l'heure où je vous parle, elle n'a point d'amant, dans le sens que vous donnez à ce mot... — Son rêve, son ambition, sa folie, sont de rattraper son bonnet jeté par-dessus des moulins sans nombre... — L'existence joyeuse du monde où nous sommes, la vie de plaisir à outrance, lui portent sur les nerfs... — Elle se figure que ça l'amuserait d'être honnête... — Elle envie les bourgeoises, qui peut-être l'envient à leur tour... — Elle veut un mari...

— Le trouvera-t-elle ?

— Elle l'a trouvé déjà...

— Est-il ici ce soir ?

— Oui pardieu !... — Sans cela, y serait-elle ?

— Montrez-le moi...

— Vous l'avez vu...

— Quand ?

— Tout à l'heure... là... sur ce divan...

— Quoi ! — balbutia le Poméranien stupéfait, — ce vieillard??

— Lui-même...

— Un moribond ! Un spectre !! Une momie !!!

— Et voilà justement ce qui fait son mérite... — Le veuvage à bref délai, quelle aubaine, surtout quand le veuvage apporte la fortune...

— La fortune ? — répéta le comte d'Angélis. — Ce vieillard est donc riche ?

— Cinq ou six fois millionnaire, et jaloux autant qu'il est riche... — Il veut bien épouser, mais à la condition d'être aimé et point trompé... — (chacun à sa *toquade*, n'est-ce pas?) — Or, ce futur mari, défiant et malin comme un singe, surveille étroitement Bijou, qui s'y prête d'ailleurs de fort bonne grâce et se laissera tenir en charte privée jusqu'au jour des noces prochaines, sachant bien qu'au moindre soupçon tout serait brusquement rompu... — Or, je vous le répète, Adah veut être mariée, elle veut être riche, elle veut être veuve, et touche à ce triple but... — Croyez-vous qu'elle ira compromettre, par un caprice dont vous seriez l'objet, la réalisation de tant de beaux espoirs longuement caressés? — En échange de l'édifice croulant par votre faute, que lui offririez-vous?

— Ma fortune...

— Avez-vous six millions?

Le Poméranien secoua la tête.

— Au moins feriez-vous Adah comtesse?... — poursuivit Charles Laurent.

— Jamais! — Tout, excepté cela...

— Vous voyez bien que vous n'avez aucune chance... — Croyez-moi, n'y pensez plus...

— N'y plus penser! — répéta M. d'Angélis. — Est-ce que je peux?... — En cinq minutes Adah

Bijou s'est emparée de moi comme aucune autre femme ne l'avait fait depuis que j'ai l'âge d'aimer...

— Il faut qu'elle m'appartienne, il le faut à tout prix, et pour atteindre ce but je ne reculerai devant aucun moyen, quels qu'en soient la folie et le danger!...

— Si la persuasion échoue, j'emploierai la ruse... Si la ruse est impuissante, j'aurai recours à la force...

— En Poméranie, monsieur le comte, quand les femmes nous plaisent et ne sont pas dociles, nous les enlevons carrément...

— En Poméranie, soit, mais nous sommes à Paris... — fit observer Charles Laurent avec un sourire.

— Qu'importe? — En passant la frontière ai-je oublié les mœurs de mon pays natal?... Quoi qu'il en puisse résulter de fâcheux pour moi, j'arracherai cette fille à ce moribond, je le jure!!...

— Ah! c'est ainsi?...

— Oui, foi de gentilhomme, c'est ainsi...

— Alors, puisqu'il s'agit d'une passion sérieuse et prête à tout, je ne vous abandonnerai pas... — Je me fais votre allié et je tâcherai de vous épargner les dangereuses extravagances auxquelles je vous vois prêt... — Moi seul au monde peut-être ai sur Adah l'influence nécessaire pour servir les intérêts de votre amour et plaider votre cause... — Je vais vous présenter d'abord, car il faut que Bijou sache au moins qui vous êtes... — Mais donnez-moi votre parole de gentilhomme qu'une fois la présentation faite vous m'abandonnerez aveuglément le soin de vos intérêts, ne commettant aucune imprudence et n'agissant que d'après mes conseils...

— Cette parole, je vous la donne de tout mon cœur, et permettez-moi d'ajouter, monsieur le comte, que jamais reconnaissance n'égalera la mienne... — Disposez de ma fortune! Disposez de ma vie!!

— Parbleu! — se dit Charles Laurent, — J'y compte bien!!

Il ajouta tout haut:

— Venez!...

XIII

L'étonnement d'Hermann Vogel fut extrême en voyant Charles Laurent présenter le comte d'Angélis à mademoiselle Bijou qui, trouvant le Poméranien fort beau garçon, ne put s'empêcher de lui sourire d'une façon très-encourageante.

Maurice Villars surprit ce sourire et sentit un frisson de jalousie courir sur son épiderme parcheminé...

Le mari de Valentine prit à part le pseudo-Lorbac et lui dit :

— Que signifie cela ? — Pourquoi, sans me prévenir, mettez-vous cet étrager en rapport avec Adah, après avoir si bien deviné que je fais jouer un rôle à cette fille dans un imbroglio de ma façon ?...

— Soyez calme, baron, — répliqua Charles Laurent. — Quels que soient vos projets, je ne les entraverai pas... — La présentation qui vous intrigue n'aura, quant à votre présent, nulle suite... Elle se rattache, pour l'avenir, à ce plan grandiose qui mûrit dans ma tête et que vous connaîtrez quand il en sera temps...

— A la bonne heure ! Mais songez bien, cher comte, qu'aujourd'hui *la Torpille* appartient à mon œuvre et que rien ne doit l'en distraire !...

— Je n'aurai garde de l'oublier...

La soirée s'acheva sans amener d'incidents qui vaillent la peine d'être mis sous les yeux de nos lecteurs.

En quittant la rue de Boulogne, vers quatre heures du matin, Maurice Villars et le comte d'Angélis étaient, — aussi passionnément l'un que l'autre, — amoureux d'Adah Bijou...

Franchissons un intervalle d'une semaine.

Depuis cinq jours Hermann ne faisait que des apparitions rares et courtes au Bas-Meudon, et, s'il daignait s'y montrer encore, c'était dans la crainte d'un coup de tête de Valentine qui, poussée par l'inquiétude, pourrait venir le demander rue de la Pépinière, ou même à la maison de banque de la rue Saint-Lazare, ce qui le compromettrait fort.

Il ne se donnait plus la peine de justifier par des prétextes, vraisemblables ou non, ses continuelles absences nocturnes.

Peu lui importait que Valentine le crût infidèle et souffrît de cette croyance... — Il était assailli de soucis trop graves, il avait des préoccupations trop absorbantes, pour songer un instant aux larmes de la pauvre enfant qui portait son nom...

Hermann, — sous son pseudonyme aristocratique, — consacrait toutes ses soirées et une grande partie de ses nuits à Maurice Villars, dont il était devenu l'inséparable compagnon d'orgie, et qui ne pouvait pas plus se passer de sa présence que de celle de la charmeuse aux cheveux couleur de feu.

— Il faut en finir, — se disait Vogel, — et en finir vite !... — La mort immédiate de ce spectre à peine vivant me sauverait peut-être... — Dans quelques jours, il serait trop tard...

La pensée monstrueuse d'abréger par un crime l'interminable agonie de celui qu'il appelait non sans raison : *un spectre à peine vivant*, se présentait alors à l'esprit du misérable.

Mais il la repoussait bien loin ! Il chassait avec une sorte de colère cette tentation dangereuse...

Le poison laisse des traces !...

Il avait peur...

Et il continuait à assassiner l'oncle de sa femme par ces moyens lents que la justice ne peut prévoir et nesaurait punir.

De jour en jour, d'heure en heure, de minute en minute, Maurice Villars se rapprochait de la fosse ouverte sous ses pieds...

Y descendrait-il assez tôt pour que le salut sortît de cette fosse et fût le salaire du crime ?

Incessamment Hermann se posait ce problème...

. . . .

Onze heures du soir venaient de sonner.

Nous prions nos lecteurs de franchir avec nous le seuil d'un des cabinets particuliers du premier étage de la *Maison d'Or*.

Maurice Villars, et Vogel, ou plutôt le baron de Précy, en compagnie de mademoiselle Bijou, achevaient un repas commencé à huit heures.

La fenêtre donnant sur le boulevard était close. — Les bougies de deux candélabres entretenaient une température étouffante dans l'étroite pièce surchauffée déjà par la vapeur des mets et la flamme des réchauds.

Une demi-douzaine de bouteilles vides posées sur une des consoles de service et portant les étiquettes du *Château d'Yquem Lur-Saluces*, du *Château Laffitte* et du *Musigny*, prouvaient que les trois convives avaient mis en pratique un vieil adage en forme de quatrain que Maurice Villars se plaisait à citer :

« Remplis ton verre vide
» Vide ton verre plein !
» Ne laisse jamais dans ta main,
» Ton verre ni vide, ni plein ! »

La table offrait l'aspect d'un champ de bataille, Vogel n'ayant pas permis d'y mettre de l'ordre.

Les restes du dessert battu vigoureusement en brèche par la gourmande Adah Bijou s'y voyaient pêle-mêle avec des verres de toutes les formes, des tasses à café, des liqueurs, des boîtes de cigares, et un rafraîchissoir de plaqué dans lequel se congelait une bouteille de vin de Champagne encore à demi pleine.

Maurice Villars, vautré sur le divan à côté de *la Torpille*, faisait face à Vogel.

Adah Bijou, étendue à demi, adossée à une pile de coussins, la tête renversée, les deux mains jointes sous sa nuque blonde, un pied sur la table, dans une pose d'un laisser-aller tout américain, avait une cigarette aux lèvres et fumait en contemplant le plafond d'un œil atone.

Le vin, qui l'avait animée d'abord, l'étourdissait maintenant... — Elle était un peu grise, très-taciturne, fort endormie, lourde de fatigue et d'ennui, songeant que les écuyers des cirques nomades, beaux garçons bien découplés qui font de la voltige en maillots couleur de chair et en caleçons de velours scintillants de paillettes, sont absolument irrésistibles, et s'avouant volontiers que si elle soupait en tête à tête dans ce même cabinet avec un de ces êtres séduisants, elle ne s'ennuierait plus du tout...

Nous nous garderons bien de donner une nouvelle édition, revue et augmentée, du portrait de Maurice Villars, et nous renoncerons même au désir, légitime cependant, de constater les rapides progrès de sa décrépitude.

L'œuvre de Vogel marchait bon train !...

Il existait désormais de sérieuses raisons d'espérer que l'oncle de Valentine prendrait le sage parti de mourir en temps de utile...

Quoique le vieillard eût la tête plus que faible, — ou peut-être à cause de cela, — Hermann, solide comme un Allemand, l'avait poussé à boire en aiguillonnant son amour-propre de viveur émérite.

Maurice Villars était effroyablement ivre, mais des lueurs intermittentes traversaient les ténèbres de sa pesante ivresse.

Alors il se mettait à parler, sans avoir d'une façon nette la conscience de ce qu'il disait, et surtout sans s'inquiéter d'être entendu et d'obtenir une réponse.

Puis la très-minime parcelle d'intelligence qui surnageait encore sombrait de nouveau sous les fumées du vin, et la langue du squelette animé se paralysait brusquement.

Son visage, dont le rouge et le blanc tombaient par places comme le crépissage d'une vieille maison que dévore le salpêtre, prenait alors une expression bestiale.

Ses yeux vitreux n'avaient plus de regard. — Sa tête se penchait sur sa poitrine, et ses lèvres pendantes suçaient machinalement un gros cigare depuis longtemps éteint.

Il rappelait ainsi d'une manière sinistre ces *gâteux* qu'on interne à Bicêtre et qui n'ont presque rien de l'apparence humaine.

Hermann Vogel, bien qu'il ne se fût point ménagé, avait conservé seul son sang-froid tout entier.

Ses yeux fixes, rivés sur Maurice Villars, semblaient fouiller la maigre poitrine où les battements du cœur allaient peut-être s'arrêter enfin.

Sa figure pâle se contracta tout à coup, et son regard devint farouche et menaçant.

Sans doute la résolution terrible rayonnant dans ses prunelles produisit un courant magnétique d'une étrange puissance.

L'oncle de Valentine, atteint par ce courant, tressaillit, releva la tête et regarda Vogel...

XIV

Le visage du caissier perdit aussitôt l'expression menaçante que nous avons signalée.

Jamais changement de physionomie ne fut plus rapide et plus complet.

Les yeux devinrent doux et caressants; un affectueux sourire se dessina sur les lèvres.

— Eh! eh! cher Maurice, — dit Hermann, — il me semble que vous venez de faire un petit somme...

L'oncle de Valentine ébaucha un geste de vive dénégation.

— Un petit somme... — bégaya-t-il d'une voix rauque, empâtée par l'ivresse — allons donc!... Jamais, oh! jamais!... — Gustave, tu méconnais ton ami... Gustave, tu me fais de la peine... — Non, mon bon... mon excellent bon, je ne dormais pas... je pensais...

— Et à quoi pensiez-vous, Maurice?...

— A quoi je pensais?... — répéta le célibataire — Je ne sais plus... C'est bien drôle!... ma parole d'honneur, je ne sais plus...

Les sourcils du vieillard se contractèrent, un grand travail se fit dans son cerveau troublé. — Au bout d'une seconde il ajouta :

— Ah! voilà... Je me souviens... Je pensais que la vie est une douce chose entre l'amour et l'amitié, comme dit la chanson... Car il y a une chanson qui dit cela... J'ai oublié l'air, mon Dieu oui... et les paroles aussi... Mais ça ne fait rien... Tra... la... la... la!... — Sais-tu la chanson, toi, Gustave?... Si tu la sais, tu peux la chanter... Ça me fera bien plaisir... tra... la... la... la... Sois mon ami... chante la chanson...

Et, sans attendre la réponse de Vogel, Maurice Villars continua :

— Que mon sort est digne d'envie!!... J'aime et je suis aimé... J'ai la plus belle femme de Paris... Adah m'adore... N'est-ce pas, petite, que tu m'adores?...

Et le vieux garçon effleura de ses doigts de squelette le bras nu de mademoiselle Bijou.

Ce contact arracha la pécheresse à la somnolence

rêveuse dans laquelle passaient les jolis écuyers nomades, debout sur leurs chevaux libres, et crevant les cerceaux de papier au son des cuivres de l'orchestre.

Elle eut un petit frisson de dégoût et se recula vivement.

Maurice Villars ne s'en aperçut pas et poursuivit :

— Elle m'adore et me rend heureux... Le sultan..., le sultan lui-même..., le sultan de Mahomet, dans son harem embaumé des parfums d'Arabie, est moins folâtre et moins heureux que moi !... Adah, vois-tu, Gustave, c'est Vénus en personne !... Ne le dis pas... j'en suis toqué !... Ça t'étonne de ma part, hein, mon bon ?... moi, plus volage que le papillon ! Eh bien ! je suis fixé... fixé pour la vie... Qu'est-ce que tu veux, mon pauvre ami... l'homme n'est pas parfait... il faut faire une fin, j'épouserai peut-être Adah... Tu seras mon témoin... nous rirons... mais ne le dis pas...

Hermann haussa dédaigneusement les épaules.

L'oncle de Valentine, saisi de ce besoin d'expansion qui s'empare si souvent des gens ivres, lui prit les deux mains et continua :

— Tu es mon ami, Gustave... mon meilleur ami... mon seul ami... un frère pour moi... je voudrais que tu sois mon fils..... Veux-tu que je t'adopte ?...

— Pourquoi pas? — demanda Vogel en riant.

— L'affaire est entendue... je t'adopterai dans huit jours... Tu es baron... j'aurai un fils baron... ça me fera beaucoup d'honneur... et nous vivrons avec Adah dans une félicité parfaite... — C'est bon, la vie!... — Il fait chaud ici... j'étouffe... Si tu savais comme j'ai soif... Gustave, rafraîchis ton ami... Baron, donne à boire à ton père...

— Voulez-vous du vin de Champagne? — demanda Vogel d'une voix dont Maurice Villars aurait remarqué l'altération, s'il avait pu remarquer quelque chose.

— Du vin de Champagne ou d'ailleurs, — balbutia le vieillard, — ça m'est bien égal pourvu qu'il soit froid... J'ai si chaud... — Donne m'en un verre, et même deux... Je boirais au besoin toute la bouteille... J'ai si soif...

— Attendez...

— J'attends avec confiance... — Verse, mon ami... — Voilà un ami!! voilà un fils!! — L'amour et l'amitié... — Non!... il n'y a que ça!!... tra... la... la... la... Tu chanteras la chanson ensuite... Si tu la sais!... Si tu ne la sais pas... tu l'apprendras... Fais ça pour moi... Tu me dois ça, puisque je t'adopte...

Vogel, sans hésiter, prit sur la table une bouteille de forme trapue contenant du kirch de la Forêt-Noire, cette liqueur exquise et terrible où le plus subtil des poisons, l'acide prussique, se trouve en proportions énormes.

Il remplit presque jusqu'aux bords un grand verre avec le contenu de cette bouteille, et le tendit à Maurice Villars, en lui disant :

— Buvez d'un trait... — Cela rafraîchit mieux...

— Tu vas voir... à la régalade !... Tra... la... la... la !...

L'oncle de Valentine, d'une main tremblante prit le verre et, renversant la tête en arrière, lança dans son gosier d'un seul coup toute la dose de liquide...

L'effet produit fut instantané et foudroyant.

Le vieillard usé jusqu'aux moelles, terrassé d'ailleurs par l'ivresse et paraissant incapable de se mouvoir sans aide, se dressa d'un bond comme un jaguar endormi que réveille une balle...

Pendant la vingtième partie d'une seconde il se tint debout, hideux et effrayant, les bras en croix, la bouche entr'ouverte, les yeux sortant de leurs orbites.

L'expression d'une souffrance aiguë, indicible, se peignait sur son masque sinistre...

Les suppliciés du moyen-âge, à qui le tortureur versait du plomb fondu dans la gorge, devaient avoir au moment de l'agonie une attitude pareille, un semblable visage.

La main chétive de Maurice Villars, cette main faible et tremblante un quart de minute auparavant, acquit dans une crispation suprême la force d'un étau et mit en pièces le verre qu'elle n'avait pas lâché.

Tout cela, —nous le répétons, — dura moins d'une seconde.

L'oncle de Valentine poussa un cri rauque où s'unissaient le râle et le gémissement...

Il ne prononça pas une parole et, perdant soudain l'équilibre, il s'abattit sur le divan dont l'élasticité le fit rebondir jusqu'au tapis, comme une masse inerte et qui ne bougea plus...

Etendu sur le dos, les paupières soulevées, les prunelles vitreuses, la langue noircie et pendante, ce corps immobile semblait atteint déjà de la rigidité cadavérique.

Un sourire de triomphe effleura les lèvres d'Hermann Vogel.

Le cri d'agonie de Maurice Villars avait arraché brusquement Bijou à son rêve de cirque nomade et d'écuyers en maillots couleur de chair.

En voyant le vieillard s'abattre, elle se leva tremblante, effarée, et se réfugia dans un angle du cabinet comme pour se soustraire à quelque péril imminent.

—Qu'avez-vous donc, ma chère?... — lui demanda Vogel.

Adah Bijou étendit la main vers le corps, et, répondant par une question, murmura :

— Que lui avez-vous fait boire ?...

— Un verre de champagne frappé qu'il me demandait et pas autre chose... — dit Hermann, puis il ajouta : — Vous le savez bien, d'ailleurs... — J'ai rempli le verre sous vos yeux...

— Je ne sais rien... je n'ai rien vu... — répliqua la jeune femme, dont la violente surexcitation nerveuse grandissait, — et je crois que vous mentez !...
— Au vin de Champagne vous avez mêlé du poison !!
— Ce n'était pas convenu, cela !... — C'est un assassinat, c'est un crime que vous venez de commettre !... — Je refuse d'être compromise... Je ne suis pas complice... Vous me faites horreur... — Si Maurice Villars est mort, je vous dénoncerai...

Un éclair de rage froide et d'implacable haine s'alluma dans les yeux d'Hermann Vogel, mais cet éclair s'éteignit aussitôt.

Le caissier de Jacques Lefèbvre haussa les épaules et répliqua d'un ton très-calme :

— Voilà de méchantes paroles, chère enfant... — J'aurais le droit de vous en vouloir, mais je n'en userai point... — Au fond, vous ne pensez pas un traître mot de ce que vous venez de dire... D'ailleurs vous êtes ce soir un peu folle... cela passera... c'est nerveux... — Je ne sais si Maurice Villars est vivant ou mort, mais dans tous les cas je ne suis nullement responsable de son état... — Je vais vous en donner l'indiscutable preuve en appelant à l'aide et en réclamant les secours d'un médecin devant qui vous pourrez, si le cœur vous en dit, formuler vos soupçons... — Dénoncez-moi librement, ma chère... — Ne vous gênez pas ! — Étant innocent, je n'ai rien à craindre...

— Me suis-je trompée ? — pensait *la Torpille*, — ai-je accusé trop vite ? — Le baron semble de bonne foi, mais tout cela est bien étrange...

Vogel, pendant ce temps, appuyait un doigt sur le bouton de la sonnette électrique dont le carillon se fit entendre aussitôt, puis, ouvrant le cabinet, il cria de toutes ses forces :

— Au secours ! Vite !... vite !... — Un médecin ! il y va de la vie ou de la mort d'un homme !!

Ces clameurs mirent le restaurant en révolution, et de jolies têtes curieuses se montrèrent dans l'entre-bâillement des portes des cabinets voisins.

Une demi-douzaine de garçons et de maîtres d'hôtel accoururent.

Maurice Villars était un des clients sérieux de la maison.

La vue de son corps étendu sans connaissance sur le tapis produisit une stupeur profonde.

— Il y a un médecin au n° 8... — dit un des garçons, — je cours le chercher...

XV

Un jeune médecin, — le docteur Favier, — homme de plaisir autant que de science, fort à la mode à cette époque, surtout dans le monde des actrices et des cocottes, soupait au n° 8 en joyeuse compagnie masculine et féminine.

Il accourut en toilette de soirée, portant la cravate blanche, l'habit noir, le gilet à un seul bouton, et arborant un camélia à sa boutonnière.

Le docteur, en entrant dans le cabinet, regarda tout d'abord Adah Bijou.

— Peste ! — pensa-t-il. — Voilà une belle fille !...
— Je suis fort étonné de la voir aujourd'hui pour la première fois...

Il salua sommairement Hermann et, s'agenouillant sur le tapis, se pencha vers le vieux garçon.

— Ah! çà, mais, — s'écria-t-il, — c'est M. Maurice Villars !!...

— En effet... — répondit Vogel très-surpris.

— Que lui est-il arrivé ?...

— Mon vieil ami, dont la modération à table n'est point la vertu dominante, vous le savez peut-être, monsieur, puisque vous paraissez le connaître, était un peu... comment dirai-je ?...

— Dites qu'il était ivre... — interrompit le docteur.

— Il avait consommé largement sa part de plusieurs bouteilles de vins capiteux... reprit Hermann, — il avait ensuite absorbé force petits verres de diverses liqueurs... — Bref, il me semblait très-lancé, mais nullement souffrant... — Tout à l'heure, — (il y a de cela cinq minutes à peine), — il se plaignit de la chaleur et de la soif et me demanda du vin de Champagne frappé... — Je lui en présentai un verre qu'il vida d'un seul trait. — Après avoir bu il se leva, le visage décomposé, poussa un cri et tomba lourdement, sans connaissance... — Très-effrayé, j'ouvris la porte et j'appelai à l'aide... — Vous êtes venu, et je vous remercie du fond du cœur de votre empressement...

— Il n'y a pas de quoi... — répliqua le jeune médecin. — Le devoir professionnel avant tout...

En disant ce qui précède, le docteur Favier appuyait deux doigts sur l'artère du poignet de Maurice Villars ; ensuite, déboutonnant le plastron de la chemise, il posait sa main sur le côté gauche de la maigre poitrine.

— Mon ami est vivant, n'est-ce pas, monsieur ? — demanda Hermann avec une émotion bien jouée. — L'accident dont il vient d'être victime est sans gravité ?

Le docteur ne répondit pas tout de suite...

— Je vous en supplie, monsieur, parlez !!... — poursuivit le faux baron... — Votre silence me cause une insoutenable inquiétude...

— Monsieur Villars est vivant encore...— fit le médecin en hochant la tête, — mais il n'en vaut guère mieux...

— Le croyez-vous en danger?...

— En très grand danger...

— Cependant le salut est possible encore ?

— Je n'ose l'espérer beaucoup...

— Quel est donc ce mal soudain et foudroyant?...

— Une congestion cérébrale, parbleu!...

— Mais il existe des remèdes qui combattent la congestion et parfois en triomphent ?...

— La saignée et les sinapismes, oui.

— Hâtez-vous de les employer !...

— Impossible!

— Pourquoi?

— L'un et l'autre, agissant sur un corps gorgé d'aliments et de boissons, tueraient infailliblement et immédiatement le malade.

— Faut-il donc l'abandonner à lui-même sans rien tenter pour son salut?

— Il faut le transporter chez lui et faire appeler son médecin habituel, qui, grâce à sa connaissance approfondie du tempérament de M. Villars, pourra peut-être essayer un traitement que je n'oserais prendre sur moi d'ordonner...

— Du moins, docteur, vous nous accompagnerez jusqu'à la rue d'Amsterdam où demeure mon malheureux ami?...

— Je vous accompagnerai si vous y tenez beaucoup, mais ce sera parfaitement inutile...

— Docteur, je vous en prie...

— Soit! — Disposez de moi... — Je vais prévenir mes amis de mon brusque départ et je reviens... Mais, d'abord, soulevons à nous deux ce corps qui ne peut rester là...

Maurice Villars, décharné comme il l'était, ne pesait pas plus qu'un enfant. — Il fut aisé de l'étendre sur le divan dans l'attitude d'un homme endormi.

Ceci fait, le docteur quitta le cabinet.

Hermann, resté seul avec Adah Bijou, lui dit ironiquement :

— Eh bien! ma confiante amie, me prenez-vous toujours pour un empoisonneur?...

— Non... — murmura la jeune femme, d'un ton qui ne décelait point une conviction bien ardente.

— Vous avez entendu le médecin... — Une congestion cérébrale a frappé notre ami... rien au monde n'est plus naturel...

— Oui, sans doute...

— Il ne vous reste donc, chère enfant, qu'à mettre votre chapeau coquet sur votre jolie tête, et à retourner chez vous au plus vite... — Il y a certainement des voitures sur le boulevard... — Ai-je besoin d'ajouter que si les prévisions du docteur se réalisent, et si nous avons la douleur de pleurer à bref délai notre ami, la prime convenue vous sera payée sur-le-champ... — Attendez-moi demain à cinq heures... Nous réglerons cette petite affaire...

— Je vous attendrai... — répondit la courtisane qui sortit à son tour avec une extrême hâte, après avoir jeté sur le corps du vieillard un regard empreint de terreur.

Vogel appela.

— Donnez-moi l'addition... — commanda-t-il au

garçon — et voyez si le coupé de M. Villars est en bas...

— Bien, monsieur.

Le garçon disparut et revint presque aussitôt.

— L'addition demandée... — fit-il, et il ajouta : — Le coupé de ce pauvre monsieur attend depuis une heure... — C'est le cocher qui va recevoir un rude coup quand il verra son maître en cet état !!...

— Faites avancer la voiture jusqu'à la porte de la rue Laffitte...

— Bien, monsieur...

Le docteur Favier rentra, en pardessus et le chapeau à la main.

Deux garçons, à qui ce genre de service déplaisait outre mesure, mais que consolait l'espérance d'une jolie gratification, descendirent le vieillard évanoui et l'installèrent dans l'angle du coupé.

— Placez-vous près de lui, docteur..., — dit Hermann.

— Et vous, monsieur ?

— Moi, je monte sur le siége à côté du cocher...

La voiture se dirigea vers la rue d'Amsterdam, au pas des chevaux, comme un corbillard, mais la distance est courte, et, si lente que fût la marche, on atteignit le but en moins d'une demi-heure.

Le valet de chambre attendait comme de coutume.

— Monsieur le baron sur le siége ! ! — s'écria-t-il.

— Joseph, — répliqua Vogel, — votre maître vient d'avoir une attaque d'apoplexie... il est bien malade...

— Ah! mon Dieu !!

— Aussitôt que nous l'aurons déshabillé et mis au lit, vous courrez chez son médecin en titre et vous le ramènerez avec vous... — Gardez la voiture pour aller plus vite...

— Ça n'est pas la peine, monsieur le baron... — le médecin de monsieur demeure rue de Milan, tout près d'ici...

Cinq minutes après, Maurice Villars, toujours sans connaissance, était étendu sur la couche basse et large de cette chambre bizarre que nous avons décrite, et qui, capitonnée, murailles et plafond, en satin couleur bouton d'or, ressemblait à l'intérieur d'un gigantesque coffret à bijoux.

La glace énorme occupant toute la largeur du lit entre les rideaux, et les trois autres glaces de même dimension encadrées de satin jaune, reflétaient et multipliaient la face violacée de l'oncle de Valentine, ses yeux ouverts, ses lèvres tordues.

C'était étrange et absolument hideux.

Le docteur appuya de nouveau ses doigts sur le poignet et fit une moue significative.

— Eh bien? — demanda Vogel.

— Les battements s'affaiblissent... — répondit le jeune homme. — J'ai la conviction absolue que notre malade s'éteindra avant l'aube du jour... — Si vous lui connaissez des principes religieux, on fera bien de prévenir un prêtre...

— Inutile... — murmura Vogel — Mon vieil ami est un homme sans préjugés... un philosophe... un libre-penseur... — Si son dernier moment est proche, il mourra comme il a vécu...

— Tant pis pour lui... — pensa le docteur, qui cependant n'était pas un dévot.

Le médecin en titre du vieillard ne se fit point attendre.

Il fut absolument du même avis que son élégant confrère, et déclara Maurice Villars perdu sans ressources.

— Ça lui pendait d'ailleurs à l'oreille... — ajouta-t-il. — Depuis longtemps déjà je lui conseillais sur tous les tons de se ménager... — Ce diable d'homme ne m'écoutait point et brûlait la chandelle par les deux bouts!! — Quel gaillard!... — N'ayant plus que le souffle, il allait toujours!... — Adieu paniers, vendanges sont faites! — Il n'y a rien à tenter... — Je reviendrai ce matin, vers les huit heures... — Il sera mort...

— Je reste auprès de mon ami...— balbutia Vogel d'une voix qui semblait brisée par l'émotion... — Nous avions l'un pour l'autre une sympathie profonde et basée sur l'estime... — Je veux recevoir son dernier souffle...

Les deux médecins s'éloignèrent ensemble.

Le mari de Valentine demeura seul dans la chambre où Maurice Villars expirait...

XVI

— J'arrive au but, — murmura Vogel, — et l'effroyable incertitude qui m'oppresse depuis si longtemps va cesser!!...

Ce but auquel le caissier de Jacques Lefebvre croyait toucher enfin, nous le connaissons déjà : — c'était de s'assurer que Maurice Villars n'avait pas fait de dispositions écrites et, dans le cas où contre toute prévision existerait un testament, de supprimer cet acte.

Au fond de la chambre, entre les deux fenêtres, se voyait une sorte de secrétaire en bois de rose, de forme ancienne, fort élégant, et orné de plaques en porcelaine de Sèvres.

Hermann savait que ce meuble renfermait les papiers importants de l'oncle de Valentine.

Il avait vu quelques jours auparavant le vieillard l'ouvrir avec une clef microscopique qu'il portait à sa chaîne de montre. — Il était certain par conséquent que la serrure ne comportait ni secret, ni combinaisons.

La montre et le porte-monnaie se trouvaient sur la table de nuit, près du lit.

Deux flambeaux et les bougies allumées d'un candélabre éclairaient vivement la chambre.

Rien ne semblait plus facile que de courir au secrétaire, de l'ouvrir et d'en examiner le contenu, mais la prudence défendait impérieusement à Vogel d'aller si vite en besogne.

Il fallait éviter d'être pris en flagrant délit de recherches compromettantes, malaisées à expliquer, impossibles à justifier.

Si fiévreuse que fût l'impatience, si pénible que fût l'attente, il était donc indispensable d'attendre et de patienter...

Vogel s'assit auprès du lit et il eut l'effrayant courage d'attacher ses regards sur le visage de l'homme qu'il venait de pousser dans la tombe.

Maurice Villars n'avait pas fait un mouvement depuis qu'il était étendu sur cette couche d'où il ne devait plus se relever.

La mort le marquait de son empreinte. — Le tressaillement presque imperceptible des paupières indiquait seul, par instants, qu'un misérable reste de vie habitait encore ce débris humain si semblable à un cadavre.

Hermann laissa s'écouler une demi-heure.

Au bout de ce temps il se dirigea vers une porte latérale et franchit le seuil de la pièce voisine.

Il y trouva le valet de chambre, confortablement installé sur une chauffeuse et dormant d'un profond sommeil.

— Joseph... — dit-il d'une voix très-basse en lui touchant l'épaule.

Le domestique se frotta les yeux et s'empressa de se lever en balbutiant :

— Monsieur le baron a-t-il besoin de moi?... — Est-ce que le *malheur* est arrivé?...

— Pas encore... — répliqua Vogel, — mais votre pauvre maître s'éteindra d'une minute à l'autre... — Vous avez entendu l'arrêt des médecins... il est sans appel...

— Monsieur le baron désire peut-être que je veille avec lui?...

— A quoi bon? — Je suffis seul à cette tâche dont l'amitié me fait un douloureux devoir... — Vous aurez à vous occuper au point du jour de beaucoup de choses tristes qui réclameront votre lucidité tout entière... — Il est deux heures après minuit... — Allez vous jeter sur votre lit, dormez jusqu'à six heures du matin, et à six heures venez me rejoindre...

— Monsieur le baron me permet donc de me retirer ?

— Non-seulement je le permets, mais je l'exige...

— C'est alors pour obéir à monsieur le baron... — Si ma présence devenait nécessaire il suffirait de tirer le cordon placé au chevet du lit... — Le timbre résonne dans ma chambre... — Je descendrais à l'instant même, car je ne me déshabillerai pas.

— C'est bien, mais votre présence ne sera point utile... — Dormez sans inquiétude... — A six heures moins cinq minutes je sonnerai.

Le valet de chambre se mit en devoir de se retirer, mais il revint sur ses pas et demanda :

— Monsieur le baron m'autorise-t-il à formuler une requête ?

— Sans doute...

— M. Villars était un excellent maître... Je perds une bonne place... J'ai beaucoup de chagrin...

— Si monsieur le baron voulait me prendre à son service avec les mêmes gages, ça serait pour moi une bien grande consolation...

— Ce n'est point impossible... — Nous verrons cela...

— Je remercie d'avance monsieur le baron... Je ferai tout pour le satisfaire...

Hermann Vogel attendit quelques secondes, après que le domestique se fût éloigné, puis il rentra dans la chambre mortuaire, poussa les verrous des deux portes et, à l'abri de toute surprise, se dirigea vers le lit, un flambeau à la main.

Pendant sa courte absence, le tressaillement faible des paupières de l'agonisant avait complétement cessé.

Le caissier prit sur la table de nuit un petit miroir qu'il approcha de la bouche entrouverte.

Aucune vapeur ne ternit la glace.

L'assassin découvrit sans hésiter le haut du corps de sa victime et appuya sa main sur la poitrine.

Le cœur ne battait plus.

— Allons, c'est bien fini! — pensa le misérable. — Il est mort et me voilà riche...

Une minute plus tard il ouvrait le secrétaire et commençait l'examen minutieux des papiers que ce meuble renfermait.

Ces papiers, en assez petit nombre d'ailleurs, ne pouvaient intéresser beaucoup Hermann, à l'exception de deux.

Le premier, portant cet en tête: — *Etat de ma fortune*, de l'écriture de Maurice Villars, indiquait les séries d'actions et d'obligations nominatives des chemins de fer français et étrangers, et des autres valeurs industrielles de premier ordre, dont cette fortune se composait.

Le total des sommes ainsi représentées dépassait six millions.

Le second papier était un récépissé de la Banque de France où se trouvaient déposées toutes ces valeurs.

Hermann frissonna de joie en se disant qu'une fortune si facile à liquider en quelques heures allait bientôt se trouver dans ses mains, et qu'au lieu de rouler dans l'abîme dont il effleurait déjà le bord, il serait sauvé...

Un tiroir contenait des factures acquittées et un livre de chèques.

Un autre renfermait quelques rouleaux de louis et cinq ou six billets de banque auxquels le caissier se garda bien de toucher.

Aucune trace de testament... — Pas un de ces brouillons, pas une de ces notes qui semblent indiquer l'intention de donner à des volontés suprêmes une forme matérielle.

Vogel referma le secrétaire, tira les verrous, revint prendre sa place auprès du lit et, tout éveillé, fit des rêves d'or.

Un peu avant six heures du matin il agita le cordon de la sonnette indiquée par le valet de chambre.

Ce dernier arriva presque aussitôt avec une physionomie de circonstance, bien convaincu que tout devait être fini. — Il ne se trompait pas.

— Il y a longtemps déjà que mon pauvre ami a rendu son dernier souffle... — lui dit Hermann en s'essuyant les yeux, — Courez chez le juge de paix de l'arrondissement et déclarez-lui le décès de votre maître, afin que l'apposition des scellés soit faite sans retard... — J'ignore quels sont les héritiers de M. Villars, mais il faut sauvegarder leurs droits...
— Ma fatigue est grande après une nuit de veille.. je ne partirai cependant que lorsque le magistrat sera dans cette maison...

Un peu avant huit heures, tandis que le juge de paix, venu en compagnie de son greffier et d'un médecin, mettait les scellés sur les meubles et sur les armoires, le mari de Valentine quittait le petit hôtel de la rue d'Amsterdam et, sautant dans une voiture qui passait à vide, se faisait conduire au numéro 131 de la rue Montmartre.

Nous savons que maître Roch le recevait à n'importe quelle heure, aussi bien avant l'ouverture qu'après la fermeture de l'agence.

— Je devine à votre physionomie qu'il y a du nouveau! — s'écria l'homme de loi en le voyant.

— Il y en a, et beaucoup! — répliqua Vogel, — Maurice Villars est mort cette nuit...

— Vous en êtes certain?...

— J'étais là... — On met en ce moment les scellés chez feu mon oncle.

— Y a-t-il un testament?

— Non.

— Comment le savez-vous?...

— J'ai fouillé... je n'ai rien trouvé...

— A merveille... — Vous êtes un homme habile! — Mes compliments!!...

— Le temps presse... — que faut-il faire?

— Je vais vous le dire...

XVII

— La situation est des plus simples, — reprit maître Roch. — Aucune discussion ne peut avoir lieu... — Ouvrez le Code civil, livre III, titre I, section IV, article 749, vous lisez : — « *Dans le cas où la personne morte sans postérité laisse des frères, sœurs, ou des descendants d'eux, si le père ou la mère est prédécédé, la portion qui lui aurait été dévolue conformément au précédent article, se réunit à la moitié déférée aux frères, sœurs, où à leurs représentants, ainsi qu'il sera expliqué à la section V du présent chapitre...*

« Et, — continua l'homme de loi, — l'article 750 ajoute : « *En cas de prédécès des père et mère d'une personne morte sans postérité, ses frères, sœurs ou leurs descendants sont appelés à la succession, à l'exclusion des ascendants et des autres collatéraux : — ils succèdent ou de leur chef, ou par représentation.* »

« Or, Maurice Villars étant mort sans testament et sans postérité, après le décès de son père et de sa mère, madame de Cernay, son unique sœur, se trouverait, si elle vivait encore, la seule héritière de sa fortune.

» Or madame de Cernay, décédée, est représentée par ses deux filles, Valentine et Claire, à qui revient la fortune entière de leur oncle...

« Or, vous êtes le mari de Valentine, et marié sans contrat, par conséquent sous le régime de la communauté, donc vous héritez puisque votre femme hérite; et vous aurez à verser incessamment, à mon honorable associé Fumel et à moi-même, la somme assez rondelette stipulée dans le petit acte sous-seing privé dont sans doute vous n'avez point oublié la teneur...

Hermann ne sourcilla pas.

— Je n'ai rien oublié, — dit-il, — mais pour payer il faut toucher, et j'attends que vous m'en indiquiez les moyens...

— C'est juste... — Vous allez vous rendre chez le notaire du défunt...

— Son nom et son adresse ?

— M⁰ Chatelet, rue de Choiseul, n° 24.

Vogel tira son portefeuille et prit note du renseignement.

— Vous solliciterez une entrevue immédiate pour affaire très-importante et très-pressée, — continua l'ex-avoué. — Vous apprendrez au notaire la mort de son client qu'il ignore sans doute encore... — Vous lui ferez connaître les droits éventuels de votre femme à la succession ; vous le chargerez des intérêts de madame Vogel et de sa jeune sœur, et vous n'aurez plus à vous occuper de quoi que ce soit jusqu'à nouvel ordre... — Les scellés sont-ils posés ?

— Le juge de paix, que j'ai fait prévenir, les pose en ce moment...

— A merveille... — M⁰ Chatelet demandera, selon les formes légales, leur levée immédiate, afin de procéder sans retard à la recherche d'un testament qu'on ne trouvera pas... — Dès que la non-existence de cet acte sera constatée, vous entrerez en possession...

— Par malheur, — dit Hermann, — je ne puis aller immédiatement rue de Choiseul...

— Qui vous en empêche ?

— L'heure où je dois me rendre à la maison de banque approche...

— Donnez votre démission de caissier...

— Impossible !...

— Pourquoi? — Vous êtes riche, où du moins vous allez l'être, ce qui revient au même...

Le mari de Valentine secoua la tête et murmura :

— J'ai des raisons sérieuses pour rester sur la brèche jusqu'au dernier moment...

L'homme de loi eut un sourire d'une nature toute particulière.

— Très-bien... — fit-il... — Je comprends... — Vous tenez à ce qu'on s'adresse à vous, et non à un autre, lorsque certaines traites arriveront au guichet de votre caisse... — Il y a du Charles Laurent là-dessous, hein?...

— Non, en vérité... non, je vous assure... — balbutia Vogel avec un embarras manifeste.

— Je n'insiste pas... — reprit maître Roch en souriant de plus belle. — Mais vous avez bien tort de vous cacher de moi... — Le délit qui ne cause de préjudice à personne est une bagatelle, et qu'importe une signature un peu fantaisiste pourvu qu'on paye à présentation?... — J'en reviens au notaire...

— Demandez à votre patron deux heures de congé et courez chez Mᵉ Châtelet... — C'est essentiel...

— Que risquez-vous?... Il n'y a point d'échéance aujourd'hui...

— Je suivrai ce conseil... — dit Vogel. — A bientôt... — Je me sauve...

— Tenez-moi au courant, surtout !...

— Soyez tranquille...

— Quand vous verrai-je ?...

— Dans la soirée, selon toute apparence.

Vers midi Jacques Lefebvre, avec son habituelle bienveillance, permit au caissier de s'absenter momentanément.

Hermann prit une voiture et se fit conduire rue de Choiseul.

L'étude occupait tout le premier étage d'une maison luxueuse.

Le mari de Valentine demanda Mᵉ Châtelet.

— Le patron est occupé, — lui fut-il répondu, — mais le maître clerc est là.

Ce maître clerc était un jeune homme qui se mit à la disposition du nouveau venu :

— Je ne puis parler qu'à Mᵉ Châtelet lui-même... — répliqua Vogel. — L'affaire qui m'amène est de haute importance, confidentielle, et très pressée.

— Voulez-vous me donner votre carte, monsieur ?... — demanda le principal.

— La voici.

Le jeune homme jeta les yeux sur cette carte et reprit :

— Je vais la porter moi-même au patron... — Il a

du monde en ce moment, mais dès qu'il sera libre il vous recevra...

— Cela tardera-t-il beaucoup ?

— J'espère que non, mais je ne puis rien affirmer... — Les clients sont parfois plus verbeux qu'il ne faudrait, infiniment plus, car une affaire, même compliquée, se peut expliquer presque toujours en beaucoup moins de temps qu'ils n'y mettent.

Vingt minutes s'écoulèrent...

Hermann commençait à ressentir une vive impatience.

Enfin on vint le prévenir que le *patron* était seul et l'attendait dans son cabinet.

M⁰ Chatelet n'avait aucun rapport avec le type si connu du *tabellion* de l'ancien jeu, empruntant volontiers à l'immortel Prudhomme ses allures solennelles et son vocabulaire ampoulé. — Il offrait le type du jeune notaire, du notaire *dans le mouvement*.

Sa tenue, sérieuse mais très-correcte, était celle d'un gentleman qui se sait beau garçon et ne veut perdre aucun de ses avantages. — Il ne portait point la cravate blanche avant sept heures du soir et, sans l'absence significative de moustaches, on aurait pu le prendre pour un homme du monde exclusivement occupé de chevaux et de femmes.

Son cabinet, meublé avec une richesse sobre, offrait une réunion remarquable de tableaux, de bronzes, d'objets d'art.

Le notaire salua le caissier et lui dit en désignant du geste un fauteuil près du large bureau placé au milieu de la pièce :

— Monsieur Herman Vogel, n'est-ce pas ?

— Oui, monsieur...

— Mon maître clerc m'a prévenu que vous aviez à me faire une communication importante...

— En effet, monsieur...

— Je suis à vos ordres... — De quoi s'agit-il ?...

— Si je suis bien renseigné, et je crois l'être, — commença Vogel, — vous êtes le notaire de M. Maurice Villars...

M⁰ Chatelet fit un signe affirmatif.

— Je vous apporte une triste nouvelle... — poursuivit le caissier, — M. Villars est mort cette nuit.

Le notaire tressaillit.

— Mort cette nuit !... — répéta-t-il.

— Foudroyé par l'apoplexie, dans un cabinet de la *Maison d'Or*... — On l'a ramené chez lui où il a rendu le dernier soupir sans avoir repris connaissance...

— Voilà véritablement une triste nouvelle... — dit le notaire — Mon honorable client baissait de façon trop visible depuis quelque temps, néanmoins je ne croyais pas que sa fin fût si proche... — Permettez-moi de vous demander, monsieur, comment il se fait que ce soit vous qui m'appreniez cette mort imprévue ?

— C'est la chose du monde la plus simple, — répliqua Vogel... — Je suis ici à titre de parent par alliance du regretté défunt.

— Parent par alliance ! — s'écria M° Chatelet.

— Oui, monsieur.

— Vous m'étonnez beaucoup !... M. Maurice Villars, je le croyais du moins, n'avait pas de parents proches ou éloignés,..

— Vous vous trompiez, monsieur ; il en avait et de très-proches... — Sa sœur, Clotilde Villars, mariée à Léon de Cernay, est morte ainsi que son mari, laissant deux filles, mesdemoiselles Valentine et Claire de Cernay, et j'ai l'honneur d'être le mari de l'aînée des orphelines...

XVIII

La physionomie du notaire exprimait une stupeur profonde.

— Mon client, — reprit-il au bout de quelques secondes, — ne m'avait jamais dit un mot de cette sœur...

— Madame de Cernay s'étant mariée contre le gré de son frère, — répliqua Vogel, — ce dernier ne lui pardonnait point son mariage, et, depuis le jour où ils se sont violemment séparés, il refusait même d'entendre prononcer le nom de sa sœur...

— Connaissait-il l'existence de ses nièces?

— C'est possible, sinon probable, mais je n'oserais l'affirmer...

— Les orphelines sont-elles riches?...

— Absolument pauvres...

— Leur mère devait, cependant, posséder quelque fortune...

— Léon de Cernay, leur père, avait dévoré tout, avant de terminer par un suicide sa déplorable vie...

— Et vous avez épousé l'ainée des jeunes filles, quoiqu'elle ne possédât rien! — reprit M° Chatelet. — C'est très-beau cela, monsieur ! ! C'est superbe ! !...

— Je ne mérite aucun éloge... — répliqua Vogel.

— Pourquoi donc?

— J'ai fait ce que tout homme de cœur aurait fait à ma place... — Mademoiselle Valentine était charmante et bonne... Je l'aimais... Elle est devenue ma femme et je mets ma plus vive joie, je mets mon unique bonheur, à tacher de la rendre heureuse...

Le notaire, remué jusqu'au fond de l'âme par ce langage simple et touchant dont il ne pouvait suspecter la franchise, saisit la main du caissier et la serra entre les siennes, en murmurant avec émotion :

— Je me félicite, monsieur, d'avoir le plaisir aujourd'hui de faire votre connaissance... — Les gens de cœur sont malheureusement trop rares...

Hermann s'inclina d'un air modeste.

Après un instant de silence, M° Chatelet reprit :

— Mais vous n'êtes pas venu, sans doute, dans le seul but de m'annoncer la mort de mon client... — Je serais désireux d'apprendre le second motif de votre visite...

— Ne l'avez vous point deviné?...

— Non, je l'avoue...

Vogel fit un geste d'étonnement.

— Ce motif me semblait indiqué par la situation... — répondit-il. — Enfin, je m'explique. — J'aurai l'honneur de vous apporter demain, ce soir même au besoin, l'acte de naissance, l'acte de mariage et l'acte de décès de madame Clotilde de Cernay, née Villars, ma belle-mère; j'y joindrai l'acte de naissance de ma femme et mon acte de mariage.

— Pourquoi me remettre ces pièces? — demanda le notaire.

— Pour établir correctement à vos yeux que madame Vogel et sa sœur sont les propres nièces de de M. Maurice Villars...

— Je n'en doute pas, je vous assure...

— Il est bon que vous en ayez dans les mains la preuve authentique avant d'accepter la mission de défendre les intérêts de madame Vogel...

— En quoi sont-ils menacés?

— Je n'ai pas dit qu'ils le fussent, mais M. Villars, selon toute apparence, étant mort sans tester, il faudra faire valoir les droits des héritiers et solliciter leur envoi en possession, et c'est de cela, je l'espère, que vous voudrez bien vous charger...

Le notaire coupa la parole au mari de Valentine.

— Pardonnez-moi, — fit-il, — si je vous interromps... — Vous venez de commettre une erreur qu'il importe de rectifier au plus tôt.

— Une erreur... laquelle ?...

— Vous avez émis l'opinion que M. Villars est mort sans tester...

— Eh bien ?

— Eh bien ! cher monsieur, voilà l'erreur... M. Villars a fait un testament.

Ces quelques mots produisirent sur Hermann l'effet d'un coup violent reçu en pleine poitrine.

Il devint pâle.

— Un testament !... — bégaya-t-il d'une voix presque indistincte, — Un testament ! Lui ?... Maurice ?...

— Sans doute...

— Vous en êtes sûr ?...

— Autant qu'on le puisse être... — Il y a juste huit jours mon regretté client qui, sans vouloir en convenir, prévoyait peut-être sa fin prochaine, m'a remis lui-même cet acte... Je l'ai serré dans ma caisse où il est encore...

— Que contient-il ? — demanda Vogel impétueusement.

— Étrange question ! — murmura le notaire scandalisé. — Comment saurais-je ce qu'il contient ? — Il s'agit d'un testament olographe, bien et dûment scellé de trois cachets aux initiales du défunt, qui ne m'avait point du tout consulté au sujet de sa rédaction... — Et si d'ailleurs je savais quelque chose — (ce qui n'est pas) — le devoir professionnel m'obligerait au silence.

Le visage du mari de Valentine était méconnaissable. — Les paupières avaient brusquement rougi... — Des gouttes de sueur coulaient sur le front.

— Ah! çà, mais on croirait que vous allez vous trouver mal ! — dit le notaire effrayé de cette décomposition soudaine. — Avez-vous besoin de quelque chose ? — Voulez-vous un verre d'eau ?...

Vogel fit un effort héroïque et reconquit un peu de sang-froid.

— Merci, monsieur... — répondit-il, — merci mille fois... — Un premier moment de surprise, dont je n'ai pas été maître, m'a troublé... — Ce n'est rien... Absolument rien... — Revenons à ce testament... — en ma qualité de mari d'une des héritières directes, j'ai le plus grand intérêt, vous le comprenez, à en connaître les dispositions... Ne pouvez-vous l'ouvrir sur-le-champ et m'en donner lecture?...

La physionomie de l'officier ministériel décela l'effarement le plus complet.

— Mais non! — s'écria-t-il, — non, cent fois non!... Rien au monde n'est plus impossible!... — La loi est formelle, vous le savez bien!...

— Je ne la connais pas... — interrompit Hermann.

— Vous avez tort... Nul n'est censé ignorer la loi, c'est un axiome fondamental... — CODE CIVIL, LIVRE III, TITRE II, SECTION IV, ARTICLE 1007 : *Tout testament olographe sera, avant d'être mis à exécution, présenté au président du tribunal de première instance de l'arrondissement dans lequel la succession est ouverte, s'il est cacheté. Le président dressera procès-verbal de la présentation, de l'ouverture et de l'état du testament, dont il ordonnera le dépôt entre les mains du notaire par lui commis.* — Vous voyez que c'est clair et positif...

— Clair et positif en effet... — répéta Vogel d'une voix sombre, puis il ajouta : — Permettez-moi cette question : Quand présenterez-vous au président du tribunal de première instance du département de la Seine le testament de Maurice Villars ?

— Aujourd'hui même... — répliqua le notaire. — Avant une heure je serai au Palais... — Il est probable que l'éminent magistrat, aussitôt après avoir accompli les formalités légales, ordonnera le dépôt de l'acte dans mes mains, plutôt que dans celle d'un collègue... — Soyez sûr que je ne perdrai pas une minute pour vous mettre au courant de ce qui vous intéresse si vivement...

— Merci d'avance, monsieur...

— Donnez-moi votre adresse... — Mais non, c'est inutile... elle est au bas de la carte que vous m'avez fait remettre par mon maître clerc... — Ayez bon courage, monsieur... — Il est problable que M. Villars, très-digne homme au fond, n'étendait point à ses nièces l'ostracisme dont il avait poursuivi leur mère...

— J'ai le sérieux espoir que madame Vogel et sa sœur sont les héritières de leur oncle...

Tandis que Mᵉ Chatelet disait ces choses avec une bienfaisance un peu loquace, Hermann pensait :

— Si je me jetais sur cet homme?... Si je l'étranglais sans lui laisser le temps de pousser un cri?... Si je prenais ses clefs dans sa poche?... Si j'ouvrais sa caisse et si j'emportais le testament?...

Pendant le quart d'une minute, jamais notaire ne fut, sans le savoir, aussi près d'une mort violente que l'élégant Mᵉ Châtelet.

Vogel se soulevait déjà, prêt à bondir.

La réflexion l'arrêta.

En supposant que sa tentative de meurtre réussît, il aurait mille chances contre une de ne pouvoir ouvrir la caisse, ne connaissant pas le secret de la serrure, et d'ailleurs, la caisse une fois violée, trouverait-il le testament, enfoui sans doute au milieu de cent plis cachetés et se ressemblant tous?...

Risquer l'échafaud pour rien, à quoi bon?

Il quitta son siége et prit son chapeau.

— Merci de votre excellent accueil, monsieur... — dit-il. — Je compte sur votre bonne promesse, et j'attends un mot de vous le plus tôt possible...

— Je ne vous le ferai point attendre, soyez-en convaincu...

Les deux hommes se saluèrent.

Mᵉ Chatelet, très-refroidi, commençait à comprendre qu'au début de l'entrevue il s'était laissé prendre aux belles phrases d'un comédien habile, et que le caissier de la maison Jacques Lefebvre avait épousé mademoiselle de Cernay, non pour ses beaux yeux, mais pour l'héritage de Maurice Villars...

Hermann traversa l'étude et descendit l'escalier d'un pas machinal et pour ainsi dire automatique.

Lorsqu'il eut atteint le trottoir de la rue de Choiseul, il chancela comme un homme ivre et dut s'appuyer à la muraille.

Un ouragan de pensées confuses, tourbillonnant dans son cerveau, l'affolait...

— Ah! — se disait-il avec un transport de rage, — tout est perdu, cette fois, bien perdu, et par ma faute! — Ce misérable vieillard ne laisse pas un sou à ses nièces dont il ignore même l'existence, et l'héritière de sa fortune, je le devine, je le sens, j'en jurerais, c'est Adah Bijou!... — Six millions à cette fille que dans mon aveuglement stupide j'ai présentée moi-même! — Si j'étais garçon seulement, je l'épouserais!... Mais non... pas même cette chance! — Triple niais que je suis! — J'avais Charles Laurent sous la main... il fallait lui commander un testament daté d'hier et cacher ce testament rue d'Amsterdam! — C'était élémentaire, et je ne l'ai pas fait!...

Puis Vogel répétait encore :

— Tout est perdu, cette fois, bien perdu et par ma faute!

XIX

Dans l'absolu désarroi de sa pensée, dans l'effondrement moral résultant du formidable choc qu'il venait de subir, Hermann Vogel ne se souvenait même plus qu'il avait laissé à la porte du notaire la voiture prise à l'heure.

Il s'éloignait la tête basse, en trébuchant.

— Eh! bourgeois, — lui cria le cocher de fiacre, est-ce que vous m'oubliez ici? — Ça ne serait pas à faire...

Vogel revint sur ses pas d'un air égaré et ouvrit la portière.

— Où allons-nous, bourgeois? — demanda l'automédon.

— Rue Saint-Lazare, — répondit machinalement le jeune homme.

— A l'endroit où je vous ai chargé?
— Oui.
— Suffit.

Le cocher fouetta son cheval en se disant *in petto :*

— On jurerait que ce gaillard-là vient de se donner une culotte... à moins qu'il ne soit devenu fou tout à coup... — Pour sûr il a un hanneton dans sa boîte à musique...

Arrivé à la porte de la maison de banque, le caissier descendit, paya la voiture, et regagna son poste sans avoir d'une façon bien nette la conscience de ses actes.

Une idée fixe, ou plutôt une sorte d'hallucination obsédait sans relâche son cerveau.

Il voyait devant lui un abîme béant, et il comprenait que rien au monde, désormais, ne pourrait l'empêcher d'y tomber.

La lâcheté de sa nature triomphait au dernier moment ; il ne songeait plus au suicide ; il songeait à la fuite...

— Comment fuir ? — se demandait-il. — Pour quitter Paris et la France, pour vivre à l'étranger, il faut de l'argent, beaucoup d'argent, et je n'en ai pas !!

— Où en trouver? où en voler?... — Les sommes contenues dans la caisse ne me mèneraient pas loin... — Jacques Lefebvre d'ailleurs, possédant une double clef, découvrirait peut-être le vol cinq minutes après mon départ et me dénoncerait au parquet...

— Les télégrammes vont vite... Je serais arrêté à la frontière...

On comprend sans peine quelle doit être la physionomie de l'homme que harcèlent de telles pensées...

Tandis qu'Hermann traversait les bureaux, deux ou trois employés furent surpris de l'altération de de ses traits, de l'étrangeté de son allure.

L'un d'eux lui dit au passage, avec intérêt :

— Monsieur Vogel, est-ce que vous êtes malade ?...

— Pourquoi cette question ? — répliqua le caissier rappelé brusquement à lui-même.

— Parce que vous avez bien mauvaise mine...

— J'ai marché trop vite... — Je suis un peu fatigué... ce n'est rien... — répondit le jeune homme.

Et il franchit le seuil de son cabinet.

A peine était-il assis depuis cinq minutes et plongé de nouveau dans la terrible rêverie dont nous connaissons la nature, qu'il lui sembla que les murailles de l'étroite pièce, et son siége lui-même, commençaient à tourner rapidement.

Il voulut se lever pour réagir contre ce mouvement de rotation insolite, mais il retomba. — Alors de grands cercles de feu se croisèrent autour de lui, des bruits bizarres résonnèrent à ses oreilles, puis le silence et l'obscurité se firent tout à coup. — Il cessa de voir et d'entendre...

Une demi-heure plus tard un garçon de recettes, présentant des valeurs à l'encaissement, frappa deux fois de suite au guichet.

Ce guichet ne s'ouvrit pas et aucun mouvement ne se produisit derrière les rideaux de percaline verte garnissant intérieurement le grillage.

On savait cependant de façon positive que le caissier n'était point ressorti depuis son retour.

Un employé entra dans le cabinet et trouva Hermann évanoui.

— Ah! parbleu! — pensa le commis, — j'avais bien raison de dire que le pauvre garçon avait mauvaise mine!!...

On courut prévenir Jacques Lefebvre.

Il descendit aussitôt et donna l'ordre d'aller chercher un médecin, qui ne se fit point attendre.

Des lotions d'eau fraîche sur les tempes, un flacon d'alcali volatil placé sous les narines, suffirent pour ranimer le jeune homme.

En rouvrant les yeux, en voyant autour de lui son patron et plusieurs autres personnes, il tressaillit et crut à une arrestation immédiate, mais la figure émue et bienveillante du banquier le rassura.

— Que m'est-il arrivé? — murmura-t-il d'une voix éteinte.

— Vous avez perdu connaissance... — répondit Jacques Lefebvre. — Aviez-vous donc éprouvé, pendant la courte absence autorisée par moi, une violente émotion?... Aviez-vous appris quelque fâcheuse nouvelle?

Hermann secoua la tête.

— Ni violente émotion, ni mauvaise nouvelle... — répliqua-t-il.

— Alors, vous êtes malade?...

— Je ne sais... Je me sens très-faible... il me semble que, si j'essayais de me tenir debout, je ne pourrais pas...

Le médecin, appelé à donner son avis, déclara après examen que le cas ne lui semblait point grave, mais que selon lui le caissier avait impérieusement besoin de quelque repos.

— Eh bien! mon cher Hermann, — dit Jacques Lefebvre, — reposez vous... — Je vous donne quarante-huit heures de congé, susceptibles au besoin de prolongation... — C'est surtout à la fin du mois que vous me serez indispensable, et nous avons encore cinq jours d'ici-là...

— J'accepte avec reconnaissance, monsieur... — répliqua Vogel, heureux de cet incident qui lui permettait de quitter la maison de banque sans éveiller de soupçons.

— J'enverrai demain prendre de vos nouvelles rue de la Pépinière... — poursuivit Jacques Lefebvre.

— Je vous en prie, monsieur, n'en faites rien... ce serait inutile...

— Pourquoi?

— Je vous demande la permission d'aller passer à la campagne, chez un ami, le temps que vous voulez bien m'accorder... — Je crois que l'air des champs me reposera mieux et plus vite que celui de Paris..,

— A merveille, mais souvenez-vous qu'il faudra m'écrire après-demain ou m'envoyer une dépêche pour me rassurer, et pour me dire si, le lendemain, je puis compter sur vous...

— Je n'y manquerai pas, monsieur...

— Profitez tout de suite de votre liberté... — Je ne vous retiens plus... — On va vous chercher une voiture...

Hermann balbutia quelques mots de gratitude, sortit de son bureau et se fit conduire rue de la Pépinière où la nécessité d'avoir un domicile officiel aux yeux de son patron et de ses collègues, l'obligeait à conserver le logement que nous connaissons.

Le caissier ne comptait point du tout d'abord d'aller au Bas-Meudon.

Il avait mis en avant son projet de campagne pour se mettre à l'abri de toute démarche importune et pour garder intacte sa liberté d'action...

Mais quand il se vit seul dans ce logement triste et poudreux, où depuis plusieurs mois il mettait rarement les pieds, et que le concierge chargé de faire le ménage négligeait en conséquence; quand il se sentit fiévreux, défaillant, la tête lourde; quand les oscillations fantaisistes du parquet et des murailles lui parurent le prélude d'un nouvel évanouissement, il fut pris d'une grande terreur, et l'idée de mourir abandonné, sans secours, comme un chien au fond d'un fossé, lui inspira une profonde épouvante.

En conséquence il appela le père Rémy par la fenêtre et lui donna l'ordre d'amener un fiacre, — le trajet en chemin de fer nécessitant, depuis la station, une marche assez longue que sa faiblesse momentanée ne lui permettait pas d'entreprendre.

XX

Le père Rémy ramena un cocher dont la remise se trouvait située quelques maisons plus bas, et avec lequel il faisait *commerce d'amitié,* comme disait l'immortel *Pipelet.*

Vogel, oubliant complétement que mademoiselle Adah Bijou l'attendait pour toucher sa prime et qu'il devait en outre aller chez maître Roch, s'entendit avec le cocher qui partit bon train, et qui, le même soir, vers les dix heures, entrait, la pipe aux lèvres, dans la loge de la rue de la Pépinière, et tenait ce langage à son ami :

— Ohé ! père Rémy, vous m'avez collé tantôt une pratique dans le grand genre et qui ne lésine pas sur les monacos... — Je vous offre une fine bouteille à seize, avec un joli morceau de gruyère sur le pouce, chez le mastroquet qui fait le coin...

— Ça n'est pas de refus, mon brave Vidal... — Ma légitime gardera la loge...

Les deux camarades s'attablèrent devant la fine bouteille à seize et le père Rémy, après avoir dégusté sensuellement la première gorgée de son contenu, demanda :

— Comme ça, mon locataire il a bien fait les choses ?...

— Ah ! le brave jeune homme ! — Un jaunet pour la course et cent sous de pourboire...

— Ça ne m'étonne point de sa part !... — Et l'avez-vous mené loin ?...

— A sa maison de campagne...

— Mon locataire a donc une maison de campagne ? — murmura le père Rémy.

— Parbleu !... La dernière du Bas-Meudon. — Une propriété qui paraît conséquente.

— Il allait peut-être là chez un ami, mon locataire ?...

— Du tout, puisqu'il y laisse son épouse...

— Son épouse.., — répéta le père Rémy stupéfait. —Mon locataire a donc une épouse ?...

— Et même, — reprit le cocher, — que le jardinier a dit, en lui ouvrant la grille : — « *Ah ! enfin, voici donc monsieur !... C'est madame qui va être contente !... Madame était bien tourmentée !... »*

— Compris ! compris ! — s'écria le concierge en riant aux éclats. — La maison du Bas-Meudon, c'est la petite *Tour-des-Nèfles* de mon locataire !... — Il y met reverdir la blonde pendant qu'il cultive la brune à Paris... — Ah ! le gaillard ! quelle existence de polichinelle ! — S'en paye-t-il de l'agrément ? Mais non, la, s'en paye-t-il ? — A la santé de mon locataire !... — C'est un bon enfant, pas fier du tout, et je vas l'intriguer avec sa *Tour-des-Nèfles*...

L'angélique Valentine, que les nécessités de notre récit nous ont fait perdre de vue depuis quelque temps, mais que nous retrouverons bientôt pour ne la plus quitter jusqu'au dénouement de cette histoire, attendait en effet Vogel avec une sérieuse inquiétude, bien justifiée d'ailleurs par la durée d'une absence inexplicable.

Valentine n'aimait pas, ne pouvait pas aimer cet homme qui ne se donnait plus la peine de déguiser sa nature égoïste et brutale, mais le culte du devoir, passant pour elle avant toutes choses, ne lui permettait point d'oublier qu'Hermann était son mari, et que Dieu défend à la femme de se détacher de celui dont elle porte le nom dans la joie ou dans la douleur...

Et puis elle avait à lui faire une confidence inattendue...

Elle avait à lui révéler un grand secret, doux et touchant, un secret dont elle ne soupçonnait l'existence que depuis quelques jours, et dont le souvenir furtif couvrait d'une rougeur pudique son charmant visage amaigri...

Valentine n'en doutait pas, quand elle aurait parlé Hermann redeviendrait pour elle ce qu'il était aux premiers temps du mariage, et nous savons déjà que l'orpheline se contentait d'une existence sans orages et d'un bonheur presque négatif...

Aussi, lorsque la grille du jardin eut crié sur ses gonds en se refermant, lorsque Claire qui jouait sous les marronniers fut rentrée, toute émue et toute effrayée, en balbutiant :

— Petite sœur, c'est M. Vogel... il vient... il est derrière moi...

Lorsqu'enfin le pas alourdi d'Hermann résonna sur les marches de l'escalier, ce fut presque avec joie que Valentine courut à sa rencontre...

Mais en le voyant elle recula, et la plus mortelle pâleur remplaça sans transition la teinte pourpre inaccoutumée qui colorait ses joues.

Le caissier était effrayant.

Sa taille se courbait comme celle d'un vieillard. —

Il marchait d'une façon lente et pénible. — Son visage livide avait changé d'aspect. — Un large cercle bleuâtre et plombé entourait ses paupières rougies. — Ses yeux brillaient d'une flamme sombre allumée par la fièvre. — Ses regards, attachés sur Valentine, exprimaient la haine...

Oui, la haine !

Ce n'était plus seulement l'indifférence et le dédain, c'était la rage aveugle et folle résultant de la déception, qui jaillissait de ses prunelles couleur d'acier.

L'innocente enfant dont un espoir cupide l'avait conduit à demander la main devait être pour lui, croyait-il, le salut et la fortune...

Et voici qu'au lieu de le sauver et de l'enrichir, cette union consommait sa perte...

Valentine était l'obstacle !

Hermann ne lui pardonnait pas d'être la nièce déshéritée de Maurice Villars...

Il ne lui pardonnait pas de rendre impossible son mariage avec Adah Bijou, devenue six fois millionnaire, — (il le croyait du moins), — par le suprême caprice du vieux libertin...

Valentine était l'ennemie !...

Si d'un geste ou d'un mot il avait pu l'anéantir, sans hésiter il aurait fait le geste ou prononcé le mot.

Beaucoup des choses que nous venons de signaler échappèrent au premier coup d'œil de la jeune femme.

— L'effroyable décomposition des traits de son mari, et surtout la teinte blafarde de son visage, l'épouvantèrent.

— Hermann ! — s'écria-t-elle en joignant les mains, — mon Dieu, que vous arrive-t-il !...

— Rien d'heureux, vous pouvez en jurer hardiment !... — répondit le caissier d'un ton dur.

— Êtes-vous souffrant ?

— Oui, très-souffrant... Cela se voit, je pense.

— Il faudrait appeler un médecin !... Voulez-vous que Mariette coure chercher celui du-Bas-Meudon ?...

— Inutile ! — Je ne crois pas à la science des docteurs célèbres...—Comment pourrais-je croire à celle d'un médicastre de village...

— Vous allez tenter quelque chose, cependant ?

— Je vais me coucher...

— Et ensuite ?

— Ensuite vous apporterez dans ma chambre un saladier, une bouteille de rhum, du sucre et des citrons... Je préparerai moi-même la tisane qu'il me faut.

— Mais vous avez déjà la fièvre... — murmura Valentine.

— Eh bien! après ?...

— La boisson que vous demandez vous mettra le feu dans le sang...

— Que vous importe ? — Si je me tue vous serez veuve, voilà tout !... — Obéissez et ne discutez pas !...

Ces paroles, et surtout la manière dont elles furent accentuées, ne comportaient aucune réplique.

Valentine baissa la tête et sortit pour exécuter l'ordre qu'elle venait de recevoir.

Une demi-heure plus tard Hermann, étendu sur son lit, buvait coup sur coup de grands verres d'un punch brûlant qui mettait des taches d'un rouge sombre au milieu de sa pâleur, et faisait ruisseler sur son front la sueur en grosses gouttes.

En agissant ainsi, il avait un but...

Il voulait s'enivrer pour oublier, pendant quelques heures, la situation sans issue que la ruine de ses espérances venait de lui faire... — A tout prix il voulait dormir, et l'oubli seul pouvait lui donner le sommeil, il le savait bien...

Le résultat cherché ne se fit point attendre.

Aussitôt qu'Hermann eut tari le contenu du saladier, il se renversa en arrière, terrassé par l'ivresse.
— Un engourdissement quasi léthargique s'empara de son être physique et moral, et ne lui laissa ni la faculté de penser, ni celle de souffrir, pendant toute

la soirée et toute la nuit dont Valentine, s'exagérant l'étendue de ses devoirs d'épouse, passa les longues heures assise auprès du lit et veillant…

Et plus d'une fois, pendant cette veillée interminable, voyant l'immobilité rigide de ce corps étendu comme un cadavre, elle se demanda avec un frisson si son mari était vivant ou mort, et ne parvint à se rassurer qu'en touchant sa peau brûlante.

XXI

Au point du jour Hermann ouvrit les yeux, se sentit la tête lourde, la racine des cheveux douloureuse et les membres courbaturés, mais la maladie qui, la veille, semblait prête à fondre sur lui, avait pris la fuite, chassée peut-être par la violence d'un de ces traitements absurdes inventés par des fous et que le succès seul justifie...

Le caissier de Jacques Lefebvre se leva, bien résolu à retourner immédiatement à Paris. — Une fois debout il se trouva trop faible encore pour donner suite à ce projet.

— Rien ne me presse après tout, — se dit-il, — et je puis m'accorder sans risque vingt-quatre heures d'absolu repos... — Aujourd'hui je n'apprendrais rien d'essentiel et je n'agirais pas... — Mieux vaut mettre ce calme à profit pour combiner un plan que j'exécuterai demain...

En conséquence Hermann s'enferma dans sa chambre dont il défendit à Valentine de franchir le seuil, et pendant tout le jour, sauf le moment des repas, il se mit l'esprit à la torture en cherchant un moyen de se procurer l'argent nécessaire à sa fuite.

Mais personne n'ignore que *Sa Majesté l'Argent*, le Roi du monde, est d'un abord difficile et farouche pour quiconque n'a point conquis ou a perdu le droit de l'approcher familièrement...

Hermann, ayant eu ce droit jadis, n'avait pas su le conserver... — Bref il ne trouva qu'un seul expédient praticable et de réussite certaine, mais duquel devait résulter une assez maigre ressource...

Il s'agissait de s'aboucher sans retard avec un de ces tapissiers interlopes dont la spécialité est d'acquérir à des prix doux des installations complètes et coquettes, vendues ensuite par eux effroyablement cher à des cocottes débutantes qui, fort péniblement, donnent de gros à-compte et, quand elles ont soldé plus que tout, n'en sont pas moins poursuivies et saisies à la requête de l'impitoyable vendeur, pour un seul paiement retardé dans un jour de déveine...

Vogel tirerait cinq ou six mille francs, à peine,

d'un mobilier acheté quinze mille à Lebel-Girard; il ne s'illusionnait point à cet égard, mais mieux valait six mille francs que rien. — Il payerait le terme dû au propriétaire, les gages du valet de chambre et de la cuisinière; il opèrerait la livraison immédiate de tout ce qui s'entassait rue de Boulogne, et il abandonnerait en même temps le pseudonyme de baron de Précy.

Il passerait ensuite rue de la Pépinière où peut-être il trouverait une lettre du notaire Chatelet, contenant l'annonce officielle qu'Adah Bijou était la légataire universelle de Maurice Villars.

Le lendemain matin Hermann partit pour Paris sans avoir adressé, pendant son séjour au Bas-Meudon, une bonne parole à Valentine...

— Quand faudra-t-il vous attendre, mon ami ? — lui demanda la pauvre enfant, le cœur oppressé.

— Il faudra ne point m'attendre du tout... — répondit-il. — Je ne sais pas quand je viendrai...

*
* *

S'éloigner de Paris, quitter la France pendan qu'il en était temps encore, cela devenait, nous le savons, l'idée fixe d'Hermann Vogel.

Tout, même la vie de détresse à l'étranger, et l'existence d'aventurier besogneux, lui semblait préférable à l'arrestation, à la cour d'assises, au bagne...

Ne s'occupant pas un instant du sort de Valentine abandonnée, ne songeant point à lui laisser une ressource quelconque, il en arrivait rapidement à se contenter, pour sa fuite, d'une somme qui d'abord lui semblait misérable, et la vente de son mobilier de la rue de Boulogne pouvait lui fournir cette somme.

En conséquence, aussitôt descendu de vagon et avant de se rendre rue de la Pépinière où il avait chance de trouver une lettre du notaire Chatelet — (lettre dont il croyait deviner le contenu) — il monta la rue de Rome et se rendit chez un tapissier qu'il connaissait un peu, et de qui il était connu sous son nom de guerre.

Ce tapissier faisait en grand et avec succès le métier lucratif signalé par nous un peu plus haut. — Il vendait aux étoiles futures des ameublements sur lesquels il gagnait environ trois cents pour cent...

Hermann, ou plutôt le baron de Précy, en une heure de libéralité galante, avait soldé dans ses mains, pour le compte d'une jolie fille, quelques billets à ordre impayés. — L'industriel, le considérant à partir de ce jour comme un protecteur *sérieux* des personnes aimables dans l'embarras, faisait profession à son endroit de la plus haute estime.

Aussi, le voyant entrer à l'improviste dans son

magasin, toujours amplement fourni de tentures de hasard et de siéges d'occasion, il l'accueillit avec toutes sortes de grâces commerciales et courtisanesques.

— Monsieur le baron me ferait-il la joie de venir en client? — s'écria-t-il. — Ce serait pour moi un fort grand honneur...

Hermann eut un sourire contraint.

— Oui, monsieur Rodier, je viens en client, — répondit-il; — mais pas précisément dans le sens que vous attribuez à ce mot...

— Monsieur le baron sera le très-bien venu dans tous les sens!... — fit le tapissier qui se crut spirituel. — De quoi s'agit-il?...

— Je vais entreprendre un long voyage, monsieur Rodier... — reprit Vogel. — Je serai peut-être absent plusieurs années...

— Le tour du monde, alors?

— Oui, monsieur Rodier, le tour du monde... — Je ne veux pas conserver d'appartement à Paris...

— C'est bien naturel... Les loyers sont si chers!...

— Et monsieur le baron désire sans doute mettre ses meubles en garde chez moi?...

— Nullement... — Je désire me défaire de mon mobilier en bloc... c'est beaucoup plus simple...

— Ah!... ah!...

— Il me faut donc un acheteur, et, comme nous avons eu de bons rapports ensemble, je vous donnerai volontiers la préférence...

— Je remercie monsieur le baron d'avoir songé à moi... — Je ferai tout pour contenter monsieur le baron... — Je n'ai vu le mobilier qu'une fois, l'année dernière... il doit être aujourd'hui terriblement fané...

— Pas du tout, monsieur Rodier, il semble d'hier...

— On croit cela quand les meubles sont en place et puis, sitôt dehors, on s'aperçoit vite que tout est fané, fripé, passé, décati... — Enfin, monsieur le baron n'a point la prétention de vendre comme neuf... et encore le neuf d'*occasion* ne vaut pas bien cher... — De qui est-il, le mobilier?...

— De Lebel-Girard, un de vos plus fameux confrères...

— Il ne fait pas mal, Lebel-Girard, j'en conviens, mais on peut faire aussi bien que lui, et même mieux... — Je suis sûr qu'il vous a vendu cela des prix fous...

— Mais non, quinze mille francs... — Je tiens à votre disposition les factures acquittées...

— Quinze mille francs!! — les yeux de la tête!! — je le disais bien!! — s'écria Rodier. — Lebel-Girard, ayant la vogue, écorche son monde... — Monsieur le baron est-il pressé?

— Très-pressé...

— Monsieur le baron désire-t-il de l'argent comptant?...

— Bien entendu, puisque je pars...

— Quand faudrait-il traiter et enlever?...

— Aujourd'hui même...

— Ah! diable!...

— C'est la condition *sine qua non*...

Le tapissier pensait :

— Toi, mon bonhomme, je lis dans ton jeu : Tu es décavé! — Il te faut de l'argent n'importe comment... — On t'en donnera, mais pas beaucoup...

Il ajouta tout haut :

— L'affaire sera possible si les prétentions de monsieur le baron sont raisonnables... — Monsieur le baron dira son prix et je ferai une offre quand j'aurai vu et pris quelques notes... — Monsieur le baron demeure toujours au même endroit?

— Toujours.

— Monsieur le baron rentre-t-il chez lui présentement?

— Oui.

— Je vais donc m'habiller et j'arriverai rue de Boulogne dix minutes après monsieur le baron...

— C'est bien, et garnissez votre portefeuille pour

le cas vraisemblable où nous nous entendrons...
Nous terminerons séance tenante...

— Que monsieur le baron soit tranquille...

Vogel se trouvait à la hauteur de la place de l'Europe. — En moins d'un quart d'heure il atteignit la maison qu'il habitait.

— Mon valet de chambre est en haut? — demanda-t-il au concierge.

— Oui, monsieur le baron...

— Un monsieur viendra pour moi tout à l'heure... Vous laisserez monter...

— Bien, monsieur le baron...

La porte du second étage fut ouverte par le domestique incomparablement correct, qui, fort surpris de voir son maître en plein jour, se contenta de paraître ravi.

— Une lettre pour monsieur le baron est arrivée hier soir... — fit-il. — Je l'ai mise sur le guéridon de la chambre à coucher...

— Alphonse, — dit Hermann, — j'attends quelqu'un... — Vous ferez entrer au salon et vous me préviendrez...

— Oui, monsieur le baron...

Le mari de Valentine gagna sa chambre et prit sur le guéridon une assez large enveloppe dont une main inconnue avait tracé l'adresse.

Un peu intrigué, il déchira l'enveloppe et déplia la feuille de papier portant cet en-tête gravé :

» Maître Chatelet,
» *notaire,*
» *Rue de Choiseul, à Paris.* »

Vogel fit un geste d'étonnement.

A quel propos le notaire de Maurice Villars écrivait-il au baron de Précy dont il devait ignorer même l'existence ? — C'était étrange, inexplicable, presque inquiétant...

La lettre contenait ces quelques lignes, qui changèrent en stupeur l'étonnement du caissier :

« *Monsieur le baron,*

» *Veuillez prendre la peine de passer sans retard à*
» *mon étude. — J'ai à vous faire une communication de*
» *la plus haute importance et du plus grand intérêt pour*
» *vous.*

» *Agréez, monsieur le baron, etc.*

» Chatelet. »

XXII

La lettre s'échappa des mains d'Hermann et tomba sur le tapis. — Il la ramassa et la lut pour la seconde fois.

— Je crois rêver ! — murmura-t-il. — Une communication au baron de Précy !... Une communication *de la plus haute importance et du plus grand intérêt pour lui !...* — Que signifie cela ?... — J'ai beau chercher, je ne trouve rien... — Demander une explication au notaire Chatelet, impossible ! Il sait que je suis le caissier Vogel... — Et pourtant il me faut la clef de cette énigme !... il me la faut à tout prix !... — Comment faire ?... C'est à en perdre la tête !...

Hermann en était là de son fiévreux monologue quand le timbre de l'appartement résonna.

Le mari de Valentine prêta l'oreille.

— Voici le tapissier... — pensa-t-il.

Le domestique d'une si remarquable correction entra presque aussitôt dans la chambre et dit :

— La personne qu'attendait monsieur le baron vient d'arriver... — Je l'ai fait entrer au salon...

— C'est bien... J'y vais.

Hermann se disposait à rejoindre le nouveau venu quand une idée soudaine lui traversa l'esprit et mit une lueur fugitive sur son visage pâle.

— J'ai trouvé... — fit-il presque à voix haute. — J'enverrai Charles Laurent rue de Choiseul... Il se présentera sous le nom de baron de Précy... — Le notaire ne le connaissant pas l'acceptera pour tel et lui expliquera ce dont il s'agit... — Je verrai ensuite à prendre un parti, mais d'abord il faut en finir avec Rodier.

Vogel ouvrit la porte qui de sa chambre donnait dans le salon, franchit le seuil, et s'arrêta brusquement, comme pétrifié...

Sa stupeur sera facile à comprendre quand on saura qu'au lieu du tapissier attendu il voyait en face de lui M⁰ Chatelet en personne.

L'officier ministériel ne semblait pas d'ailleurs beaucoup moins surpris qu'Hermann lui-même.

— Monsieur Vogel dans cette maison !... — s'écria-t-il. — Ah çà ! mais, vous connaissez donc le baron de Précy ?...

Ces quelques mots rendirent au caissier de Jacques Lefebvre une faible dose de présence d'esprit et lui donnèrent le vague espoir de sauver la situation et de ne point trahir sa double existence.

— Je le connais beaucoup, — répliqua-t-il, — et depuis longtemps.

— Alors, — reprit Me Chatelet, — il sait déjà par vous sans doute, ce que, n'ayant point reçu sa visite, je venais lui apprendre ?... — Recevez, chez monsieur Vogel, mes compliments de condoléance bien sincères... — Vous avez tout dit au baron, n'est-ce pas ?...

L'énigme se corsait de plus en plus. — Hermann sentait l'obscurité s'épaissir autour de lui. — Littéralement il perdait pied, comme un baigneur novice qui va se noyer...

— Je vous comprends mal, — balbutia-t-il, — ou plutôt je ne vous comprends pas du tout... — Je ne sais rien...

— Comment, vous ne savez rien ?... Comment ? Comment ?... — Mais ma communication d'hier !...

— Quelle communication ? — demanda Vogel, en regardant son interlocuteur avec des yeux effarés.

— Je vous ai écrit, dans la soirée, rue de la Pépi-

10.

nière... à l'adresse indiquée sur votre carte... l'un de mes clercs a même porté la lettre afin qu'elle vous arrivât plus vite...

— Mon ignorance s'explique... — J'arrive à l'instant de la campagne où j'ai couché. — Je suis venu ici sans rentrer chez moi... — Que m'annonçait votre lettre ?

— Une fâcheuse nouvelle...

— M. Maurice Villars a déshérité ses nièces ?...

— Hélas !...

— Au profit d'une drôlesse qui se nomme Adah Bijou, n'est-ce pas ?...

— Erreur absolue !... — répliqua M⁰ Chatelet. — La... *demoiselle* en question n'a qu'un legs à peu près insignifiant...

— Mais alors, — demanda Vogel, oppressé par une indéfinissable angoisse, — quel est donc le légataire universel ?...

— Ma présence ici devrait vous l'apprendre... — le légataire universel est votre ami, qui était aussi — (les termes du testament en font foi) — le plus cher ami de feu Maurice Villars... — En un mot, c'est le baron de Précy...

En attendant prononcer ce nom, Hermann attacha sur le notaire un regard effaré.

Un éclat de rire nerveux, strident, — le rire de la

démence, — s'échappa de ses lèvres ; — il recula sans le savoir et passa ses deux mains dans ses cheveux avec un geste de fou.

N'y avait-il pas, en effet, de quoi déterminer un accès de folie subite dans le cerveau le mieux pondéré?...

Par un étrange caprice du hasard, par une effroyable raillerie de la destinée, cette fortune énorme, dont un dixième aurait suffi pour le salut, c'est à lui que Maurice Villars la léguait toute entière, et cependant il la voyait perdue, irrévocablement perdue!...

Pour hériter, il faut exister, et le baron de Précy n'existait pas!

Vogel légataire universel, sous son pseudonyme fantaisiste, de six millions faciles à réaliser en deux heures, devait, faute de quelques centaines de mille francs, prendre la fuite s'il voulait éviter le bagne!

A coup sûr il en fallait moins pour tomber foudroyé!...

Me Chatelet remarqua, non sans inquiétude, l'air hagard du jeune homme, la décomposition de ses traits et le tremblement presque convulsif qui secouait ses membres.

— Du courage, monsieur Vogel! — s'écria-t-il, — de la fermeté!... Soyez un homme, que diable ! — Je comprends qu'il vous semble dur d'apprendre que madame Vogel est absolument déshéritée, mais tout à l'heure, quand vous croyiez que la fortune tombait aux mains d'une courtisane, vous paraissiez accepter ce sinistre avec philosophie… — En somme, voyons, ne vaut-il pas mieux que le testament de Maurice Villars enrichisse un galant homme dont vous êtes l'ami ?… — Réfléchissez à cela, monsieur Vogel… réfléchissez.

Le caissier fit un suprême appel à son énergie défaillante.

— Oui… — balbutia-t-il. — Oui… vous avez raison…

— Êtes-vous plus calme ?…

Vogel essaya de sourire.

— Je suis même calme tout à fait… — dit-il, — l'émotion est passée.

— J'en suis ravi ! Oui, ravi, ma parole d'honneur ! — Et maintenant, cher monsieur, je souhaiterais causer quelques minutes avec le baron ? — Je voudrais lui donner une copie du testament, qui d'ailleurs est fort court, et me mettre à sa disposition…

Hermann, redevenu maître de lui-même, répliqua :

— Voir le baron ?… Aujourd'hui, ce sera difficile…

— Pourquoi donc ?

— Il est souffrant…

— Pas gravement, j'espère?

— Non, mais assez pour ne point quitter la chambre... — Ignorant le motif de votre visite, il m'avait chargé tout à l'heure de vous recevoir à sa place... — Ne pourrais-je lui donner de votre part cette copie que vous apportez?

— Mais, si... Parfaitement bien... — Je vais vous la remettre...

— La première sortie du baron sera pour vous...

— Je le désire, et je l'espère...

Tout en disant ce qui précède, M⁰ Châtelet tirait de sa poche un ample portefeuille et fouillait ses papiers pour trouver le document en question.

La porte du salon s'ouvrit.

Le domestique apparut dans l'entre-bâillement, et, sans voir le geste impérieux par lequel son maître lui enjoignait de se taire et de se retirer, il dit:

— Monsieur le baron, voici le tapissier de la rue de Rome que monsieur le baron attend...

L'industriel, l'échine un peu courbée, le chapeau à la main, franchit le seuil.

— Je suis en retard d'un grand quart d'heure, — s'écria-t-il, — et je prie monsieur le baron de m'excuser... — J'allais partir... Un client est survenu et je n'ai pu m'en débarrasser aussi vite que je l'aurais souhaité. — Enfin, me voilà... — L'estimation du mobilier sera l'affaire d'une petite demi-heure tout au plus... — Par quelle pièce faut-il que je commence ?... — Monsieur le baron ayant du monde au salon, je puis passer dans la chambre à coucher ou dans la salle à manger...

La physionomie de M⁰ Chatelet eût été en ce moment bien amusante à étudier pour un observateur clairvoyant et désintéressé.

Le plus complet ahurissement se peignait sur les traits de l'élégant notaire. Ses regards allaient et venaient d'Hermann Vogel au valet de chambre, et du valet de chambre au tapissier de la rue de Rome.

Tout à coup ses sourcils se froncèrent. — Il ferma vivement son portefeuille et demanda d'une voix sèche:

— Ah çà ! mais, qui donc appelle-t-on ici MONSIEUR LE BARON, s'il vous plaît?

XXIII

Cette question du notaire : — « *Qui donc appelle-t-on ici* MONSIEUR LE BARON ? » parut si surprenante au domestique et au tapissier que tous deux regardèrent le visiteur en se demandant *in petto* s'il était bien dans son bon sens.

Hermann, pris au dépourvu et ne trouvant aucun moyen de parer le coup qui le frappait à l'improviste, semblait effroyablement déconcerté.

Son trouble et son embarras n'échappèrent pas à M° Chatelet, dont l'incident que nous racontons excitait au plus haut point la défiance. — Ses soupçons naissants acquirent une force nouvelle ; il résolut de les éclaircir sur-le-champ.

Il s'adressa donc directement au valet de chambre

Alphonse, et lui dit d'un ton d'autorité, en se plaçant entre lui et Vogel :

— C'est vous qui m'avez ouvert quand j'ai sonné... C'est vous qui m'avez introduit... Vous savez que je viens pour affaires... Je n'ai pas le temps d'attendre... Faites-moi parler sur-le-champ à votre maître...

— Positivement ce monsieur est fou!... — pensa le domestique qui répliqua tout haut en désignant Hermann. — Eh! monsieur, le voilà, mon maître...

— Monsieur est bien le baron de Précy? — reprit M° Chatelet.

— Le baron de Précy, mon maître, oui, monsieur, parfaitement.

Vogel prit la parole.

— Sortez !... — commanda-t-il au domestique d'une voix un peu tremblante — Et vous, mon cher monsieur Rodier, commencez, je vous prie, votre expertise par la chambre à coucher... — Je vous joindrai dans un instant...

— J'obéis à monsieur le baron — fit l'industriel en jetant sur Vogel un regard singulier, — et j'estimerai tout en conscience...

Le mari de Valentine resta seul avec le notaire.

— Ah çà! monsieur, — demanda ce dernier, — expliquons-nous!... — Qui êtes-vous, en somme?...

Vogel tenta de payer d'impudence.

— Que vous importe? — répliqua-t-il. — Et de quel droit me faites-vous cette question?...

— Comment, que m'importe?... Comment, de quel droit ? — s'écria Chatelet. — En vérité, monsieur, vous avez un aplomb superbe!! — Quoi, vous venez, il y a deux jours, me trouver officiellement dans mon étude, moi personnage officiel... Vous vous donnez comme caissier d'une honorable maison de banque... Vous dites vous nommer Hermann Vogel... Vous vous prétendez marié à la nièce d'un de mes plus riches clients, et, le lendemain de la mort de ce client, vous réclamez son héritage au nom de votre femme! — Aujourd'hui, porteur d'un testament par lequel Maurice Villars lègue toute sa fortune au baron de Précy, je viens chercher dans cette maison ce légataire universel; je trouve le baron de Précy, et le baron de Précy, c'est vous!! — Voilà ce qui se passe, monsieur! Voilà ce qui me donne le droit de vous demander qui vous êtes, en attendant qu'une autre voix, plus autorisée que la mienne, et surtout plus sévère, vous adresse la même question...

La menace était directe. — Hermann ne pouvait pas ne point la comprendre et il la comprit en effet.

— Je vous en supplie, monsieur, — murmura-t-il, — parlez moins haut...

— Soit ! — Mais répondez-moi !

— Je suis prêt...

— Qui êtes-vous véritablement ?

— Hermann Vogel...

— Le caissier de la maison Jacques Lefebvre ?

— Oui, monsieur...

— Le mari de mademoiselle de Cernay ?...

— Je tiens mon acte de mariage à votre disposition...

— Mais alors ce nom de *Précy* ? Ce titre de *baron* ?

— Eh ! monsieur, pure fantaisie... pseudonyme à effet...

— Dans quel but, ce pseudonyme ?

— Dans le but de jeter de la poudre aux yeux et pas autre chose. — Où voyez-vous du mal à cela ? — Ce nom, ce titre, cet appartement me procuraient de nombreuses bonnes fortunes...

— Quoi ! Depuis votre mariage ?

— Eh ! non, monsieur ! Auparavant, quand j'étais garçon...

— Logis somptueux rue de Boulogne... Nombreuses bonnes fortunes... Appartement, rue de la Pépinière... Tout cela coûte très-cher ! — dit Chatelet, — Vous êtes donc riche ?

— J'ai mes appointements...

— Et ils suffisent ?

— J'y joins quelques emprunts... — Et puis entre nous, monsieur, je comptais absolument, pour ma femme, sur l'héritage de Maurice Villars...

— Héritage que vous auriez tenté de recueillir sous le nom du baron de Précy sans doute, si le hasard ne m'avait appris la vérité !!...

— Oh! cela, non, monsieur, je vous le jure !! — répliqua Vogel.

— Il ne m'appartient point de sonder votre conscience, — poursuivit le notaire, — mais j'ai deux devoirs à remplir, et je les remplirai...

— Deux devoirs?... — répéta machinalement Hermann.

— Le premier est de déclarer à qui de droit que le baron de Précy, légataire universel de Maurice Villars, n'existe point, n'a jamais existé... — Le second est de prévenir le banquier Jacques Lefebvre de la vie en partie double de son caissier...

— Vous ferez cela !! — balbutia Vogel.

— Et je n'hésiterai pas !... — Ma conscience me défend de cacher un pareil secret à l'honnête homme que ce secret intéresse au plus haut point... — Si Jacques Lefebvre, sachant que vous êtes à vos heures le baron de Précy, vous laisse la clef de sa caisse, il le fera du moins en connaissance de cause...

— Ah! monsieur, vous êtes sans pitié!... — fit Hermann en joignant hypocritement les mains.

— Sans la moindre pitié... — répliqua le notaire. — Les situations comme la vôtre ne m'en inspirent aucune, je l'avoue... — Je les ai toujours vues se dénouer en cour d'assises... — La *Gazette des Tribunaux* est pleine des exploits de ces jolis messieurs, comptables ou caissiers le jour, gentilshommes de contrebande le soir, partageant leur existence entre la tenue du grand-livre et les coûteux plaisirs du monde où l'on s'amuse!! — Ils pillent la caisse agréablement et sont de généreux seigneurs jusqu'au moment néfaste où la police arrive... — La métamorphose alors ne se fait guère attendre, et les jolis messieurs du *hig life* interlope deviennent en un tour de main gibier de maisons centrales!... — Voilà leur destinée!... — Je vous salue, monsieur le baron, avec toute la considération que je vous dois...

Et l'élégant notaire, pirouettant sur ses talons avec une parfaite désinvolture, quitta le salon dont il referma la porte derrière lui.

Vogel, — atterré dans le premier moment, — ne songea ni à le retenir ni à le suivre.

Mᵉ Chatelet, en traversant l'antichambre, vit en face de lui le domestique correct qui lui barrait respectueusement le passage.

— Monsieur le notaire, — dit Alphonse, — je me suis permis tout à l'heure d'écouter à la porte, et j'ai entendu que M. le baron de Précy n'était ni *Précy* ni *baron*... — Ma respectabilité ne me permet pas de servir plus longtemps un maître aussi douteux, et j'ai l'honneur de demander conseil à monsieur le notaire...

— A quel sujet ?

— Au sujet de mes gages... — Il m'est dû plus d'un an !! — Si monsieur est à bas, comment me faire payer ?...

— Je n'en sais rien et n'en ai nul souci ! — répliqua M⁰ Chatelet en haussant les épaules ; puis il sortit, laissant Alphonse fort scandalisé.

Pendant ce temps, Hermann pensait :

— Ce notaire va me dénoncer à Jacques Lefebvre !!... Mais que m'importe, après tout ?... L'orage peut éclater deux jours plus tôt... Quand tombera la foudre, je serai loin...

La porte de la chambre à coucher s'ouvrit doucement et le tapissier parut, avec une physionomie astucieuse et coquine.

Comme le domestique, l'industriel avait prêté l'oreille et entendu jusqu'au moindre mot de l'entretien de M⁰ Chatelet et du baron de fantaisie.

— Ah ! c'est comme ça ! — s'était-il dit en se frottant les mains. — Parfait! J'exploiterai la situation!...

— Où en êtes-vous de votre travail, monsieur Rodier? — lui demanda Vogel.

— Je trouve inutile de le continuer... — répondit sèchement le tapissier. — Je ne puis donner suite à l'opération commerciale qui m'amenait ici...

— Pourquoi?... — murmura le caissier stupéfait.

— Je traite les affaires régulièrement... — Quand je conclus un marché j'inscris sur mes livres le nom du vendeur, ainsi d'ailleurs que le veut la loi...

— Eh bien?

— Eh bien! quel nom pourrais-je inscrire aujourd'hui?...

— Le mien, ce me semble...

— Lequel des vôtres? — Je ne sais pas du tout qui vous êtes!...

— Insolent!!

— Je conseille à monsieur de parler plus bas. — J'ai tout entendu... tout absolument...

XXIV

— Malepeste! — continua l'honnête industriel de la rue de Rome. — Le notaire qui sort d'ici ne vous ménageait point!... Mais ça ne me regarde pas... — Je vous ai dit pourquoi l'affaire ne m'allait plus... — Serviteur de tout mon cœur... je décampe...

Et Rodier, ébauchant un salut très-sommaire, se dirigea vers la porte.

Un homme frappé sans relâche finit par s'engourdir et ne craint plus les coups.

Pendant son entretien avec M⁰ Chatelet Hermann avait bu toute honte; cette nouvelle humiliation glissa sur lui comme de l'eau.

Que lui importait l'opinion d'un personnage taré qu'il méprisait lui-même?

Ce qu'il voulait, c'était une solution immédiate, c'était de l'argent comptant avec lequel il pourrait disparaître...

Il ne se sentait pas le courage de chercher un autre acquéreur et d'entamer un nouveau marché...

— Restez donc ! — dit-il à Rodier. — Au fond, ça vous est bien égal que je m'appelle ou non le baron de Précy... — Ce que je propose de vous vendre est bien à moi... je l'ai payé... mes quittances en font foi... — C'est le baron de Précy qui traite avec vous... — C'est lui que vous inscrivez sur vos livres... — Rien de plus simple et rien de plus correct...

Le tapissier souleva des difficultés sans nombre, mais uniquement pour la forme, c'est-à-dire pour exploiter mieux la situation difficile de son vendeur.

Il avait apporté six mille francs en billets de banque, décidé à donner ce prix de ce qui valait plus du double.

Il se fit supplier pendant près d'une heure et finit par offrir quatre mille francs du mobilier complet, à la condition toutefois que le concierge l'autoriserait à déménager séance tenante.

Vogel, qui ne comptait plus les déceptions, accepta.

Le concierge fut appelé.

Moyennant le payement anticipé du terme près

d'échoir et du terme prochain il permit d'enlever les meubles.

Les loyers dévorèrent quinze cents livres.

Les gages arriérés du valet de chambre et de la cuisinière en absorbèrent douze cents.

Bref, le caissier quitta l'ex-théâtre de ses fêtes galantes en emportant un billet de mille francs et quinze louis, — toute sa fortune, ou à peu près.

Un véritable désespoir s'empara de lui quand il se trouva sur le trottoir de la rue de Boulogne avec cette misérable somme dans sa poche, et en face de ce double et terrible problème: — Où aller et que devenir?

A peine serait-il hors de France que le dénûment absolu, l'inévitable misère, fondraient sur lui comme les vautours sur un cadavre...

Mais il ne s'agissait ni d'hésiter, ni de réfléchir...
— Il n'avait pas le choix des solutions. — Il fallait mettre la frontière entre lui et les limiers de la police qui seraient bientôt à ses trousses.

— Je vais retourner au Bas-Meudon... — se dit-il.
— Je remplirai de vêtements une valise portative... Je reviendrai cette nuit à Paris et je partirai demain matin pour la Belgique par le premier train... — Ma comptabilité semble régulière... — Il ne manque rien dans ma caisse... — Même si le notaire parle

11.

aujourd'hui, — (ce qui n'est point certain) — le patron ne pourra soupçonner les faux avant le jour de l'échéance... — On ne m'inquiétera pas...

Brisé de fatigue au moral et au physique, Hermann Vogel descendit la rue d'Amsterdam, déjeuna sans appétit au restaurant de la Gare, et, se trouvant tout près de la rue de la Pépinière, alla s'informer s'il y avait des lettres pour lui.

Il en trouva deux, arrivées l'une et l'autre la veille au soir. — Elles lui furent remises, non par le père Rémy, momentanément absent, mais par la femme de ce fonctionnaire important.

La première épître était du notaire Chatelet.

D'avance il en connaissait le contenu.

La deuxième portait la signature de Jacques Lefebvre. — Elle causa au caissier une poignante émotion, une de ces émotions qui pendant quelques secondes paralysent les battements du cœur.

Cette lettre, fort bienveillante, ne contenait que quelques lignes.

Les voici :

« *Mon cher Vogel.*

» *J'espère qu'il n'existe plus trace de votre indisposition*
» *passagère, et je le désire d'autant plus que j'ai impé-*
» *rieusement besoin de vous voir...*

» Je viens de recevoir la visite inattendue de deux ban-
» quiers de province, nos correspondants de Lyon et de
» Besançon.

» Il se passe des choses très-graves...

» J'ai tout lieu de craindre d'avoir été victime d'un
» faussaire inconnu, prodigieusement habile et travaillant
» sur une grande échelle. — Ma maison serait compro-
» mise pour une somme dont je ne puis encore apprécier
» l'importance, mais considérable à coup sûr...

» Vous seul pouvez me venir en aide et porter la lu-
» mière au milieu des ténèbres...

» J'ignore quel est l'ami chez qui vous êtes à la cam-
» pagne, je ne puis donc vous télégraphier d'accourir,
» mais j'espère que vous aurez cette lettre demain. — Ar-
» rivez sans perdre une minute, et comptez sur moi si, dans
» quelques jours, vous avez besoin d'un plus long repos...

» Je vous attends avec impatience, mon cher Vogel, et
» je vous serre cordialement la main.

» JACQUES LEFEBVRE. »

— Ils sont sur la piste!! — se dit le caissier. —
La mine sautera plus tôt que je ne croyais... — Ça
m'est égal... je serai loin.... Ils auront beau chercher,
ils ne trouveront personne!...

Hermann entra dans un café, demanda une feuille
de papier, écrivit ces mots :

« *Cher ami, prenez garde à vous!... — Le feu est à la mèche... — A bon entendeur, salut.* »

Il mit la feuille sous enveloppe, traça le nom de Charles Laurent, l'adresse du boulevard de Clichy, et donna vingt sous à un commissionnaire qui se chargea de porter sur-le-champ cette missive laconique.

Une heure après, Vogel arrivait au Bas-Meudon.

Valentine, malgré la brutale réponse que son mari lui avait adressée la veille au soir: — « *Il ne faut jamais m'attendre! je ne sais pas quand je viendrai!* » l'accueillit avec une surprise presque joyeuse...

— Comment, c'est vous, mon ami!!... — s'écria-t-elle. — Je n'aurais pas osé vous espérer si tôt!...

— Est-ce un reproche? — fit le caissier ironiquement.

— Un reproche? — murmura Valentine. — Je ne vous en fais jamais, vous le savez bien...

— Peut-être trouvez-vous mon absence trop courte...

— Hermann, ce que vous dites est mal!... Quand vous êtes auprès de moi je suis contente... c'est mon devoir...

Vogel haussa les épaules.

— Votre devoir! — répéta-t-il. — Toujours des grands mots à la bouche! Toujours des paroles de tendresse sur les lèvres!... Mais je n'en suis point dupe!... — J'y vois clair!! — Au fond vous me détestez...

— Pourquoi me parlez-vous ainsi? — demanda douloureusement Valentine.

— Parce qu'étant fille d'Ève, vous êtes hypocrite, menteuse et fourbe!...

— Hermann, me jugez-vous vraiment ainsi?

— Oui, pardieu, je vous juge ainsi...

— Vous me méprisez donc beaucoup?...

— Comme toutes les femmes... — Ni plus, ni moins... — Vous ne valez pas mieux que les autres... et les autres ne valent rien!... — Du reste, vous avez le droit de me haïr...

— Moi, grand Dieu!! — s'écria Valentine. — Et pourquoi?

— Je vous avais promis la fortune et je n'ai pas tenu parole!

— Eh! que m'importe la fortune? je n'en ai ni le besoin, ni le désir... — j'ai l'habitude de la médiocrité... Et d'ailleurs que nous manque-t-il?...

Vogel eut un éclat de rire discordant et répliqua d'un ton moqueur:

— Ce qui nous manque? — Rien, en effet!... Absolument rien!...

— Si vous vouliez redevenir ce que vous étiez au début de notre union, — reprit Valentine, — la vie, je vous assure, me semblerait facile et douce... Je me trouverais heureuse...

L'angélique enfant s'approcha de son mari, saisit une de ses mains qu'il essaya vainement de lui retirer, et continua :

— Hermann, je vous le demande, je vous en supplie, ne me froissez plus, comme vous le faites si souvent, par des mots durs qui me glacent le cœur...
— Je ne vous ai jamais offensé... Je ne vous offenserai jamais... — Accordez-moi quelque tendresse et un peu d'estime... Soyez bon...

Par un geste rempli d'une grâce touchante et pudique, Valentine appuya son front et cacha son visage sur la poitrine du caissier, puis elle ajouta :

— Et si ce n'est pas pour la femme... que ce soit pour la mère!! — Hermann, que ce soit pour votre enfant!!...

XXV

Vogel tressaillit visiblement.

— Mon enfant! — s'écria-t-il. — Vous avez dit, mon enfant...

— Oui, cher Hermann... — balbutia Valentine. — Un lien de plus existe entre nous... — Je vais être mère...

Pendant un instant le caissier, muet et immobile, parut métamorphosé en statue.

La jeune femme, étonnée de son silence, avait relevé la tête et attachait sur lui des regards où déjà se lisait une vague inquiétude.

Le visage sombre d'Hermann s'éclaira soudainement d'une lueur étrange et prit cette expression d'infernal sarcasme que peintres et sculpteurs s'accordent à donner au masque de Méphistophélès.

L'associé de Charles Laurent étendit le bras pour éloigner de lui sa femme, dont la main droite reposait sur son épaule.

Un accès de rire nerveux, saccadé, presqu'effrayant, souleva sa poitrine et fit monter un flot de sang à ses joues pâles et à son front plissé.

— Qu'avez-vous, mon ami?... — demanda Valentine dont l'inquiétude se changeait en épouvante. — Pourquoi donc riez-vous ainsi?... Ce rire n'est pas celui de la joie... — Je m'attendais à vous voir heureux de la grande nouvelle que vous venez d'apprendre...

— La grande nouvelle de ma paternité, n'est-ce pas? — répondit Hermann, dont l'hilarité sinistre devint presque convulsive. — Eh bien! mais, je montre bien que je le suis, ce me semble!! — J'apprécie le moment que vous avez choisi pour me donner un héritier, et l'enfant dont je suis le père naîtra sous une étoile présage d'un brillant destin!!

— Hermann, on croirait que vous raillez...

— Allons donc!... Je suis très-sérieux!... — La fibre paternelle vibre chez moi de façon surprenante, et je n'échangerais pas contre un million, je vous assure, les émotions tendres et douces que je me propose de goûter près du berceau du dernier des Vogel...

Une nouvelle crise d'un rire inextinguible, qu'on

aurait pu croire produit par l'inhalation du gaz *hilarant*, s'empara du caissier; — le globe de ses yeux s'injectait de fibrilles rouges; — il suffoquait, il ne respirait plus.

Valentine se demandait, effarée, si son mari perdait la raison.

Hermann, brusquement, redevint calme.

— J'ai besoin d'isolement pour savourer la joie qui m'inonde... dit-il d'un ton moqueur. — Je vous laisse, ma chère... Vous m'obligerez fort en ne me suivant pas...

Il sortit de la pièce où s'était passée l'étrange scène dont nous venons d'être témoins, et Valentine l'entendit s'enfermer dans sa chambre.

L'orpheline, restée seule, cacha son visage dans ses mains et ses larmes coulèrent sur ses joues comme une pluie d'orage.

— Mon Dieu, — balbutia-t-elle, — ayez pitié de moi!... — Que vais-je devenir?... — Hermann n'a plus de cœur... — Il ne m'aime pas... il n'aimera pas son enfant...

*
* *

Neuf heures du soir venaient de sonner au clocher du Bas-Meudon.

Le caissier, nous le savons, comptait gagner Paris avant la fin de la nuit, se trouver au point du jour à la gare du Nord et profiter du premier train se dirigeant vers Bruxelles.

Après avoir placé dans une valise légère du linge et des vêtements, il s'était jeté tout habillé sur son lit, espérant dormir quelques heures; mais ses inquiétudes éloignaient impitoyablement le sommeil.

Les ténèbres étaient profondes.

A peine si dans le cadre de la fenêtre une teinte d'un noir un peu moins compacte tranchait sur l'obscurité de la chambre.

De rares étoiles scintillaient au milieu du ciel couleur d'encre.

La maison étant isolée, un silence absolu l'enveloppait. — Pas un bruit, pas un murmure ne s'élevaient des rives de la Seine et ne montaient vers les coteaux de Meudon.

Hermann avait compté les vibrations du timbre et s'était dit :

— A trois heures du matin, je partirai... — Six heures d'insomnie d'ici là... Ce sera long!!...

Tout à coup il bondit et se dressa, mordu au cœur par une angoisse atroce.

La petite cloche de la grille venait de retentir.

— Qui peut sonner? — se demanda le caissier. — Qui peut se hasarder sur les berges désertes par cette nuit sans lune?...

Il sauta en bas du lit et courut à la croisée qu'il ouvrit doucement.

Le jardin se noyait dans les ténèbres. — On ne voyait rien, pas même les bancs placés sous la fenêtre, à droite et à gauche de la porte.

La cloche retentit de nouveau, plus violemment. — On devinait qu'une main impatiente secouait la chaîne qui la mettait en branle.

— Est-ce la police? — poursuivit Hermann dont les dents claquaient. — Vient-on m'arrêter déjà?...

Il se répondit :

— C'est impossible!... — Jacques Lefebvre, en admettant qu'il me soupçonne, manque de preuves matérielles... — Pour constater des faux, pour porter des plaintes, pour obtenir un mandat, pour lancer les agents, il faut du temps... il n'en a pas eu... D'ailleurs personne ne se doute que j'habite le Bas-Meudon...

Après un court silence le visiteur nocturne sonna pour la troisième fois, avec une telle énergie que la cloche fut en grand danger de se rompre.

Hermann se répéta :

— Qui peut venir?... Qui donc?... Il faut voir...

Il prit sur la table de nuit un revolver tout armé et il résolut de descendre, mais avant de mettre ce projet à exécution il revint à la fenêtre ; il entendit alors grincer sur ses gonds la porte du pavillon habité par Lambert, le jardinier-concierge; il vit sous les arbres une petite lueur (celle d'une lanterne); il saisit vaguement un murmure de voix, puis quelque chose qui ressemblait à une discussion animée.

Au bout d'un moment, cette discussion cessa. Le silence se fit de nouveau, et la petite lueur glissant sous les marronniers se rapprocha de la maison.

Bientôt Hermann distingua, grâce à la lanterne, la forme massive du jardinier vêtu seulement d'un pantalon et d'une chemise, les pieds nus dans des sabots et la tête coiffée d'un bonnet de coton gigantesque, comme un homme arraché à son premier sommeil et qui ne s'est pas donné le temps de se vêtir.

Lambert était seul.

Le caissier quitta sa chambre, descendit, tenant toujours le revolver à la main, et ouvrit la porte de la maison à la minute précise où Lambert arrivait en face de cette porte.

— Qu'y a-t-il donc? — demanda le mari de Valentine d'une voix très-émue.

— Monsieur a entendu sonner? — fit le jardinier.

— Oui... trois fois de suite...

— Je n'en ai entendu que deux, moi... — Je dormais... — Je me suis levé... — Je voulais voir le brigand qui faisait ce carillon à la grille d'une maison honnête...

— Eh bien?...

— Eh bien, c'est un monsieur... Un monsieur de Paris... — Il est venu en voiture... il a laissé sa voiture à cent pas d'ici... on voit de loin le feu des lanternes...

— Que veut-il?

— Parler à monsieur...

— Il me connaît donc?

— Par nom et prénom... Il a bien demandé M. Hermann Vogel...

— Qu'avez-vous répondu?...

— Que ce n'était pas une heure à faire des visites à la campagne... Que monsieur était couché et endormi, et que certainement je ne prendrais pas sur moi de le réveiller... Que d'ailleurs monsieur ne recevant âme qui vive en plein jour, recevrait encore moins en pleine nuit.

— Et, alors, il est parti?...

— Ah! bien oui!! — Il a répliqué que s'il arrivait si tard, c'était par la raison d'une grosse affaire très-urgente... Qu'il fallait absolument qu'il voye monsieur, et qu'il le verrait, quand même il devrait pour cela escalader les murs et casser les vitres... — Qu'en conséquence il m'intimait l'ordre impératif de déranger monsieur et de le réveiller carrément... et que d'ailleurs, quand monsieur saurait d'où il vient, il le recevrait *illico*...

— D'où il vient? — répéta Vogel. — Il vous l'a dit?

— Oui, monsieur...

— Et c'est?

— Du boulevard Clichy...

— Charles Laurent!! — pensa le caissier, puis il ajouta tout haut : — Vite, vite, Lambert, ouvrez la grille, ne perdez pas une minute pour amener ce visiteur, et refermez soigneusement derrière lui...

— J'y vais, monsieur...

XXVI

Tandis que le jardinier-concierge exécutait l'ordre qu'il venait de recevoir, Hermann, prodigieusement surpris et inquiet de la visite de Charles Laurent, désarmait son revolver, le glissait dans sa poche, puis, franchissant le seuil du salon aux boiseries grises, allumait une lampe et les bougies de deux flambeaux.

Il achevait à peine quand le pseudo-Lorbac parut.

Vogel ne le reconnut pas d'abord.

Une barbe épaisse et brune cachait aux trois quarts le visage du faussaire qui ne portait habituellement, nous le savons, que de longues moustaches noires effilées et retroussées en crocs.

D'un geste rapide le nouveau venu arrêta l'exclamation prête à échapper des lèvres d'Hermann.

Il referma la porte par laquelle il venait d'entrer et fit tourner deux fois la clef dans la serrure.

— C'est moi... — dit-il ensuite. — C'est parfaitement moi.

En même temps il enlevait sa fausse barbe et découvrait sa figure flétrie, plus pâle encore que de coutume.

— Il me semble, — poursuivit-il avec un indéfinissable sourire, — il me semble, cher ami, que votre accueil est un peu froid... — Une poignée de main, que diable !

— Je m'attendais si peu... — commença Vogel en serrant machinalement la main que lui tendait son complice.

— A me voir arriver à cette heure nocturne ?—acheva ce dernier. — Je m'explique votre étonnement...

— Je croyais que vous ignoriez, comme tout le monde, mon séjour au Bas-Meudon...

— Vous aviez eu grand soin de me le cacher; mais les petits mystères ne réussissent point avec moi... — Dès le soir de votre mariage je savais que vous demeuriez ici, et, la semaine suivante, je faisais dans ces parages écartés un voyage d'exploration, prévoyant bien que d'un moment à l'autre je pourrais, en un cas donné, avoir un puissant intérêt à vous rejoindre sans perdre de temps... — Vous voyez que j'avais raison...

— Vous avez reçu mon billet laconique! — demanda le caissier.

— Parbleu! — Sans cela, serais-je ici? — En me prévenant du péril, vous avez fait acte d'ami véritable... — Un autre n'aurait pensé qu'à se mettre à l'abri... Vous avez songé à moi, vous!— C'est bien... — Je suis reconnaissant... Vous en aurez la preuve avant peu...

Vogel eut quelque peine à cacher une grimace dédaigneuse.

Que lui importait la reconnaissance de Charles Laurent, cet instrument passif, inutile désormais et dont il n'attendait plus rien?

— Qu'est-il arrivé? — reprit le visiteur. — Qui donc a mis le feu à la mèche?

— Des banquiers de province, nos correspondants, dont vous avez imité la signature sur des traites d'un chiffre fort rond... — Le patron m'attend pour débrouiller tout... — Il m'attendra longtemps...

— *È finita la musica!*... — Il est temps de passer à d'autres exercices... — Qu'allez-vous faire?

— Je vais décamper... — Et vous?

— Moi aussi... — Mais pour décamper de façon confortable, et pour vivre en gentleman, il faut des fonds... — En avez-vous?...

— Si vous venez m'en demander, — dit vivement Hermann, — vous vous adressez mal !... — Les évé- nements ont marché plus vite que je ne croyais... — Mes précautions étaient mal prises... — A grand'peine parviendrai-je à payer mon voyage !... — Je voudrais tenter quelque chose à l'étranger... hélas ! l'argent me manque...

— Je m'en doutais, — répliqua Charles Laurent avec assurance, — et je vous en apporte...

— Vous ! — s'écria Vogel stupéfait.

— Cela vous étonne ?...

— Un peu, je l'avoue... — Depuis que nous travaillons ensemble je vous ai toujours vu besoigneux... — Où est-il cet argent dont vous parlez ?..

— Vous allez le savoir, mais d'abord êtes-vous un homme de résolution ?...

— Je crois l'avoir prouvé.

— Il ne s'agit point de la résolution vulgaire qui consiste à glisser dans un bordereau sérieux une demi-douzaine de mandats suspects... — Il s'agit du sang-froid d'un gaillard énergique, prêt à payer de sa personne et ne reculant point devant un coup hardi...

— Qu'entendez-vous par coup hardi ? — murmura Vogel.

— J'entends tout ce qu'on peut entendre... —

L'expression est élastique... — Prenez-la dans son sens le plus large...

— Mais alors elle implique même l'assassinat...— fit le caissier avec un frisson involontaire.

— Les choses n'iront pas si loin... j'ai tout lieu de le croire.

— Eh bien, je serai l'homme que vous cherchez... — répondit Hermann. — Il me faut de l'argent... il m'en faut à tout prix... — Mettez-moi au courant...

— C'est facile et ce sera court... — Vous vous souvenez de cette soirée, rue de Boulogne, où vous avez présenté Maurice Villars à Adah Bijou?...

— Si je m'en souviens!... — dit Vogel en poussant un soupir.

— Et, soit dit entre parenthèses, — poursuivit le pseudo-Lorbac, — la mort du vieux garçon, à laquelle vous avez collaboré de façon très-active par les bons soins de *la Torpille*, ne paraît pas avoir produit pour vous les bons résultats attendus... — Mais ce ne sont point mes affaires... — Vous n'avez pas oublié non plus qu'à cette soirée fertile en incidents, un Poméranien de ma connaissance, le comte d'Angélis, jetait sur mademoiselle Bijou des regards enflammés qui vous causaient quelque inquiétude, l'aimable Adah devant marcher sans distractions vers le but qu'elle poursuivait dans votre intérêt?

Vogel fit un signe de tête affirmatif.

— Depuis ce jour, ou plutôt depuis cette nuit, — continua Charles Laurent, — le caprice du Poméranien est devenu une passion violente.

— Eh bien ! mais, avec sa fortune, il n'avait pas à craindre un échec... — interrompit le caissier. — Il est l'amant de *la Torpille*, je suppose...

— Il le serait assurément sans moi... — Mais j'avais mon plan, et j'ai conduit de main de maître cette petite affaire... — Le comte d'Angélis n'a revu que deux fois Adah Bijou, la première fois au bois de Boulogne, la seconde dans une loge des *Variétés*... — Il n'a pu lui parler... — J'étais là... Je tenais les ficelles de mon pantin docile...

— Mais, comment ?...

— Ah ! voilà ! — J'ai persuadé sans peine au comte d'Angélis, naïf comme un Allemand du Nord, que *la Torpille* avait pour protecteur unique un vieillard colossalement riche et effroyablement jaloux... — J'ai démontré le mieux du monde à ce Tudesque qu'il n'agirait point en gentilhomme s'il faisait perdre à son idole, d'abord une position superbe, puis les chances d'un testament qui la rendrait millionnaire... — Je lui ai fait jurer qu'il ne tenterait à mon insu aucune démarche compromettante ; — j'ai promis de le rendre heureux à bref délai, s'il s'en reposait sur moi du soin de plaider sa cause, Adah Bijou daignant m'accorder une confiance sans limites. — C'était adroit, tout ça, hein? — Qu'en pensez-vous, très-cher?

— J'admire... — répondit Vogel, — mais je ne devine pas encore...

— Un peu de patience, donc!... — « *Vous ne pouvez parler*, — ai-je dit au Poméranien, — *mais vous pouvez écrire, et je serai l'intermédiaire de la tendre correspondance où vous étalerez votre flamme...* » — Deux heures après il m'apportait pour la demoiselle une épître longue comme un jour sans pain ou comme une nuit sans sommeil... — Le jour suivant je lui remettais un billet de *la Torpille*, billet de galante tournure et de style encourageant.... — Comprenez-vous?

— Je comprends qu'Adah Bijou avait répondu...

— Il aurait fallu, pour cela, que la lettre d'Angélis lui fût remise.

— Elle ne l'avait pas été?...

— Non certes!...

— Eh! bien alors?...

— Eh bien, cher ami, le comte correspondait avec moi... — J'ai toutes les écritures, vous savez, et mes pattes de mouche féminines nous ont déjà servi pour M. de Rochegude avec un plein succès... — Je supprime les détails et j'arrive au côté pratique et

12.

intéressant de la question... — Tantôt, après avoir reçu vos deux lignes, voyant que la mèche brûlait et que la mine allait sauter, j'ai senti qu'il fallait brusquer le dénouement et j'ai dit au Poméranien qu'Adah Bijou, touchée de sa passion, n'avait plus de force pour la résistance, et que demain soir à neuf heures, échappant à la surveillance qui l'obsède, elle l'attendrait dans une maison de campagne où je me chargeais de le conduire, et qui deviendrait pour lui, grâce à moi, une succursale de Cythère...

— Cette maison de campagne? — demanda Vogel haletant.

— C'est la vôtre... — répondit Charles Laurent....

— Vous amènerez ici le comte d'Angélis?...

— Naturellement.

— Vous croyez qu'il vous suivra sans défiance?

— Sans défiance, et plein d'espoir!... — Une fois dans le salon où nous sommes, au lieu de tomber ivre d'amour dans les bras charmants de mademoiselle Bijou, il trouvera deux bons garçons solides qui le débarrasseront de son superflu, et même un peu de son nécessaire...

— Aura-t-il donc sur lui de grosses sommes?... C'est invraisemblable...

— J'ai étudié notre homme et je connais ses habitudes... — Il se prépare à un long voyage... — Sa fortune est liquide, — il me semble vous l'avoir dit, — et représentée par des billets de banque et des lettres de change à vue sur des banquiers de divers pays... — Ne se fiant point, et avec raison, aux serrures de pacotille de son appartement garni, il porte tout cela, ou du moins presque tout, dans une poche de côté solidement cousue et qu'il suppose à l'abri d'un coup de main!... — Nous lui démontrerons son erreur...

— Mais s'il résiste?... — murmura le mari de Valentine.

Le pseudo-Lorbac haussa les épaules en répliquant :

— On ne résiste pas, quand on a sur les tempes les dix canons de deux revolvers...

XXVII

Un instant de silence suivit les dernières paroles de Charles Laurent.

Hermann semblait préoccupé.

— Vous m'étonnez beaucoup, cher ami! — reprit le faussaire. — Je ne trouve pas chez vous l'enthousiasme que j'attendais... — Quelque chose vous inquiète, cela saute aux yeux... — Qu'y-a-t-il? — Avez-vous des critiques à formuler?.— La réussite de mon plan vous paraît-elle douteuse? — Parlez franchement...

— Je rends toute justice à votre plan... — répliqua Vogel, — mais j'entrevois des difficultés bien graves...

— Lesquelles? — Posez vos objections... — Je tâcherai d'y répondre.

— J'admets que le comte d'Angélis, tenant à sa vie plus qu'à son argent, ne tente point une résistance inutile... — Les lettres de change que nous lui prendrons seront en nos mains des feuilles sèches...

— Pourquoi donc?

— Je ne me sentirai point l'audace, je l'avoue, de présenter aux banquiers étrangers les traites enrichies par vous de fausses signatures... Je craindrais trop une arrestation immédiate...

— Les signatures ne seront pas fausses...

— Comment?

— Nous forcerons le Poméranien à endosser les mandats à vue, et, dès notre arrivée à Bruxelles, nous escompterons ces mandats, sauf à sacrifier une grosse somme si l'escompteur se montre exigeant... — Je connais de réputation un israélite sans préjugés qui fera l'affaire... — Est-ce tout?...

— Ce n'est pas tout... — A peine aurons-nous tourné les talons que le comte, dépouillé par nous et délivré de nous, ira nous dénoncer... — Or, vous le savez aussi bien que moi, l'étincelle électrique marche plus vite que les trains express...

— Le comte ne se plaindra point...

— Vous connaissez un moyen de l'en empêcher?

— Parbleu...

— Voyons ce moyen...

— Je suppose que vous avez une cave, ici?...

— J'en ai même deux, séparées l'une de l'autre par des portes massives...

— A merveille... — Aussitôt M. d'Angélis nettoyé comme un ponte en déveine à la suite d'une *banque rasoir*, nous le bâillonnons avec un foulard en ayant soin de laisser libre les voies respiratoires, nous lui attachons solidement les mains derrière le dos, nous l'installons dans la seconde cave sur un moelleux fauteuil que nous aurons eu la bienveillante attention d'y descendre, et nous nous éloignons paisiblement en fermant les deux portes et en emportant les deux clefs que vous cachez en un lieu connu de vous seul...

— Mais le malheureux mourra de faim !! — répliqua Vogel.

— Nullement... — On ne meurt pas de faim en vingt-quatre heures, ni même en quarante-huit... — Une fois de l'autre côté de la frontière vous télégraphiez au brave garçon qui ce soir ne voulait pas me laisser entrer : « *Les clefs des caves sont en tel endroit. — Ouvrez les portes sans perdre une minute.* » Coup de théâtre et délivrance du comte qui, tout joyeux de revoir la lumière, oubliera presque sa mésaventure... Êtes-vous convaincu ?

— A peu près...

— Plus d'objections?...

— A quoi bon? Vous avez réponse à tout.

— Alors, c'est décidé, nous agirons demain?

— Soit! agissons demain...

— Et remarquez, — continua Charles Laurent, — que le hasard nous vient en aide de façon surprenante... — La voiture qui nous amènera, M. d'Angélis et moi, stationnera à deux cents pas d'ici...

— Vous ressemblez vaguement au Poméranien... — Le cocher vous prendra pour lui, ceci n'est pas douteux, et nous repartirons ensemble pour Paris où, avant de gagner le chemin de fer, vous couperez votre barbe et vos cheveux, ce qui vous rendra méconnaissable... — Je tiens d'ailleurs à votre disposition un passe-port absolument en règle, qui semble fait exprès pour vous... — A propos, cher ami, que va devenir votre femme?...

— Ne vous inquiétez pas de ma femme... — répliqua le caissier d'une voix sombre.

— C'est juste... mais que voulez-vous?... madame Vogel m'intéresse malgré moi... — Elle est si jolie!!

Hermann fit un geste d'impatience.

— Vous n'aimez pas qu'on s'occupe de madame Vogel, je le sais, — continua le pseudo-Lorbac. — Il faut cependant que je vous parle d'elle, au sujet des précautions à prendre pour la réussite... — Faites en sorte qu'elle ne vienne point nous troubler... — Sa présence intempestive compromettrait tout...

— Soyez sans inquiétude... — Je lui dirai que j'attends des hommes d'affaires et que je lui défends de descendre... — Elle obéira sans discuter...

— L'obéissance passive, bravo ! — Vous devez avoir une servante ?...

— La servante sera couchée et j'aurai fermé moi-même à double tour la porte de sa chambre...

— L'homme qui m'a reçu de si mauvaise grâce, qu'en ferez-vous ?...

— Je chercherai un moyen de l'éloigner... — Il ne passera point la nuit ici...

— Il me paraîtrait fâcheux de sonner à la grille...

— Vous ne sonnerez pas... — Je serai là, dans l'ombre... — J'ouvrirai silencieusement, je refermerai derrière vous, je vous suivrai et, quand vous aurez franchi le seuil de la maison, j'entrerai à mon tour et je vous rejoindrai, avec mon revolver tout armé dans ma poche...

— C'est parfaitement compris... — Il faudra que ce salon soit éclairé comme il l'est aujourd'hui...

— Il le sera...

— Vous aurez sur cette table des plumes, de l'encre et du papier, n'est-ce pas ?...

— Oui... tout y sera... et dans le tiroir de ce meuble

un foulard pour le bâillon et une corde solide pour les mains... — Je n'oublierai rien, comptez-y...

— Prévoyons le cas où notre homme tenterait de s'échapper...

— Pris entre nous deux, il ne pourrait réussir...

— Enfin, où donne cette porte? — demanda Charles Laurent en indiquant une des issues.

— Sur l'escalier qui conduit au premier étage... — Le verrou sera poussé en dehors...

— Et celle-ci?...

— Dans un cabinet de débarras...

— Sans issue?

— Sans autre issue qu'une fenêtre ouvrant sur le jardin... — Pour essayer de la franchir, il faudrait la connaître...

— Voyons un peu...

Charles Laurent saisit un flambeau, entra dans le cabinet encombré de meubles hors de service, et en ressortit rassuré.

— Tout est pour le mieux... — dit-il. — Je vais reprendre le chemin de Paris, mais, d'abord, laissez-moi restituer à mon visage sa parure d'emprunt.

Il se plaça devant la glace entre le feu des bougies, et rajusta la fausse barbe qui le rendait méconnaissable.

— A quoi bon ce déguisement? — fit Vogel. — Vous

n'avez, quant à présent, rien à craindre... — La mine n'éclatera qu'après notre départ....

— Je l'espère, mais toute précaution me paraît utile et je suis fanatique du vieux proverbe : « *Prudence est mère de sûreté!...* » — A demain soir, cher ami... — Nous arriverons à neuf heures moins cinq minutes, le comte et moi...

— Je vous reconduis jusqu'à la grille...

Les deux hommes traversèrent le jardin sans prononcer une parole, échangèrent une poignée de main silencieuse, puis Charles Laurent se dirigea vers la voiture qui l'avait amené, et dont les lanternes éclairaient la berge.

Hermann regagna la maison, verrouilla la porte derrière lui, éteignit les lampes et les bougies du salon et remonta au premier étage.

Sur le carré auquel aboutissait l'escalier il aperçut Valentine, debout, en peignoir de nuit, le visage bouleversé, les cheveux épars.

— Que diable faites-vous là ? — lui demanda-t-il d'un ton dur.

— Je vous attendais, mon ami, — répondit-elle.

— Pourquoi m'attendre ?...

— J'étais inquiète...

— A quel propos ?

— J'ai entendu sonner avec une étrange insistance... — Vous êtes descendu et vous avez introduit quelqu'un... — Cela n'est point dans vos habitudes... — J'ai craint que ce visiteur nocturne ne fût chargé pour vous de fâcheuses nouvelles... Un pressentiment sombre, involontaire et irraisonné, m'agitait... j'avais peur...

Le caissier haussa les épaules.

— Enfantillage que tout cela ! — répliqua-t-il. — Enfantillage absurde, et je veux bien vous dire — (puisque désormais, paraît-il, il faudra vous rendre des comptes) — qu'il s'agissait d'un travail pressé dont mon patron me charge... — Ce travail me retiendra ici demain toute la journée, et le soir, à peu près à la même heure qu'aujourd'hui, des gens d'affaires viendront traiter avec moi des questions importantes... — Si nous ne sommes pas du même avis, la discussion sera longue et vive... — Dans tout cela, vous le voyez, ma chère, il n'y a rien qui puisse vous causer le moindre souci... — Bonsoir... Allez dormir... — Je vais tâcher d'en faire autant, car je serai debout au point du jour...

Et Vogel, ne s'occupant plus de Valentine, rentra dans sa chambre où il s'enferma.

XXVIII

La journée du lendemain parut interminable à Vogel.

Une angoisse sourde, grandissant d'heure en heure et presque de minute en minute, ne lui laissait aucun moment de trêve.

Il ne se dissimulait point que son absence prolongée de la maison de banque, et surtout le fait de ne pas donner de ses nouvelles malgré la lettre pressante et bienveillante de Jacques Lefebvre, devaient fatalement tourner vers lui les soupçons de ce dernier.

Par instants il se demandait s'il n'avait pas eu tort de renoncer à son plan primitif et de prolonger de vingt-quatre heures son séjour au Bas-Meudon...

S'il s'était abandonné passivement à sa première inspiration, il serait loin; — à peu près sans argent, il est vrai, mais en sûreté, et n'ayant jusqu'à nouvel ordre rien à craindre des agents de la police française.

Et qui sait si Charles Laurent n'allait pas, — volontairement ou involontairement, — manquer à la parole donnée ?...

Peut-être le faussaire émérite aurait-il pris le parti d'agir seul...

Peut-être le Poméranien, à la dernière minute, éclairé par une lueur instinctive, se défierait du piége et n'y tomberait pas...

Ni l'une ni l'autre de ces suppositions n'était inadmissible...

Et alors lui, Vogel, aurait perdu follement un temps précieux dans l'inaction la plus dangereuse.

On comprend que ces pensées, et beaucoup d'autres du même genre, brûlaient son sang, crispaient ses nerfs, et lui donnaient une fièvre ardente...

Enfin, vers cinq heures du soir, un calme relatif succéda brusquement à sa prodigieuse agitation.

Le moment de l'action approchait; — l'attente serait courte désormais...

Le mari de Valentine reprit possession d'une bonne partie de son sang-froid habituel...

Charles Laurent avait recommandé tout spécialement d'éloigner le jardinier.

Vogel alla trouver celui-ci.

— Apprêtez-vous, Lambert, — lui dit-il, — vous allez faire pour moi un petit voyage...

— Monsieur m'envoie à Paris ?...

— Je vous envoie à Etampes...

— A Etampes ! — s'écria Lambert — Mais c'est loin, cela, monsieur !!...

— A cinquante-six kilomètres de Notre-Dame...— vous partirez par le chemin de fer d'Orléans, vous prendrez un billet de seconde classe pour le train de neuf heures et demie, et vous arriverez à Etampes à onze heures et quelques minutes...

— J'y coucherai donc ?...

— Vous y coucherez, bien entendu, et vous y souperez... — Voici cinquante francs et une lettre... — Les cinquante francs sont pour vous défrayer de vos dépenses... — La lettre est à l'adresse d'un banquier de la ville... — Vous la lui porterez demain matin, vers les neuf heures... — Il vous remettra des papiers d'une importance capitale, sur lesquels je vous recommande de veiller avec sollicitude... — Ceci fait, vous déjeunerez à l'auberge où vous aurez couché, et vous reviendrez par un train quelconque... Pourvu que les papiers en question soient dans mes mains avant cinq heures du soir, c'est tout ce qu'il faut.

— Bien, monsieur! — répondit le jardinier enchanté, car un tel déplacement dans de telles conditions était pour lui une véritable partie de plaisir. — Je m'habille et je pars...

Dix minutes plus tard, il était en route.

Vogel dîna en compagnie de Valentine et de sa sœur.

Il n'avait pas d'appétit et ne mangea guère, mais il fit des frais pour paraître aimable, il ne se montra point dur et dédaigneux comme de coutume, et la jeune femme se sentit presque heureuse en attribuant à sa confidence de la veille ce changement d'humeur manifeste et inattendu.

— Je l'avais mal jugé... — pensa-t-elle. — Il est meilleur que je ne croyais... il me reviendra.

Vers huit heures, Hermann reconduisit les deux sœurs au premier étage.

— Avez-vous terminé ce travail pressant dont vous m'aviez parlé, mon ami ? — demanda Valentine.

Le caissier répondit affirmativement.

Valentine reprit :

— J'ai cru comprendre que des hommes de loi devaient venir ce soir... — Me suis-je trompée ?

— Non pas... Vous avez bien compris...

— Quand arriveront-ils ?

— Dans une heure à peu près...

— Voulez-vous que Mariette éclaire le salon ?...

— Inutile... je me charge de ce soin.

Après un silence, Vogel ajouta :

— Les intérêts que je représente et ceux que ces messieurs ont mission de défendre sont diamétralement opposés... — Je vous l'ai dit hier et je vous le répète, la controverse sera vive, et très-chaude peut-être... — Quand on s'anime, le diapason des voix s'élève à l'insu de ceux qui parlent... — Donc, si vous entendez quelque bruit, ne vous inquiétez pas... — il s'agira d'une discussion et non d'une dispute...

— Je ne m'inquiéterai pas... — Bonsoir, mon ami, à demain...

— A demain... — répéta le caissier...

Il donna l'ordre à Mariette de regagner sa mansarde, où il l'enferma ; — puis, en redescendant, il fit tourner sans bruit et à deux reprises la clef dans la serrure de la chambre de Valentine.

Désormais il était absolument sûr qu'aucune intervention importune ne viendrait le gêner.

Il alluma, comme la veille, la lampe et les bougies du salon, dont il avait eu soin de clore les volets.

Ceci fait, il disposa sur une petite table un encrier, du papier, des plumes... — Il s'assura que les cinq cartouches de son revolver étaient à leur place, et il regarda sa montre.

Elle indiquait neuf heures moins un quart.

— Si Charles Laurent a réussi, — se dit le mari de Valentine, — et s'il amène le Poméranien, ils seront ici dans dix minutes...

Il sortit, laissant les portes entre-bâillées derrière lui.

Le brillant éclairage du salon envoyait une nappe de lumière sur le sable devant la porte du vestibule.

On n'avait, depuis la grille, qu'à suivre l'allée droite passant sous les marronniers ; la traînée lumineuse indiquait le but.

Vogel traversa le jardin dans toute sa longueur, franchit la grille, fit quelques pas sur la berge, et, les yeux tournés vers le chemin qui longeait le Bas-Meudon, attendit.

Son attente fut courte.

Bientôt le roulement d'une voiture se fit entendre, lointain d'abord et se rapprochant très-vite, puis deux lanternes apparurent à l'angle de la dernière maison du village, avancèrent encore un peu, et s'immobilisèrent à deux cents mètres environ de la propriété de maître Roch.

Le claquement sec d'une portière que l'on referme

arriva jusqu'à Vogel, puis des pas d'homme résonnèrent sur la route caillouteuse.

— Ce sont eux ! — pensa le caissier, — Charles Laurent a tenu sa parole... — J'ai bien fait de ne point partir...

Après ce bref monologue il rentra dans le jardin, laissa la grille entr'ouverte et se dissimula derrière un des piliers de briques et de maçonnerie, précaution d'ailleurs superflue tant les ténèbres étaient profondes.

Les deux hommes marchaient rapidement et silencieusement. — Ils arrivèrent au mur d'enceinte.

Le pseudo-Lorbac s'arrêta.

— Nous sommes arrivés, cher comte... — dit-il à demi-voix en appuyant sa main sur le battant qui céda. — Je connais les êtres... — Venez, je vais vous guider...

Le faussaire et son compagnon entrèrent dans l'enclos.

— Il fait noir comme dans un four, — reprit le complice de Vogel. — Mais on ne peut se tromper... c'est toujours tout droit.

Hermann referma la grille. — Le fer, en heurtant le fer, résonna faiblement. — La clef massive cria dans la lourde serrure.

Le Poméranien se retourna.

— Il y a donc quelqu'un derrière nous ? — demanda-t-il.

— Oui... le jardinier... — répondit Laurent. — Soyez sans inquiétude, il sait ce qui se passe et nous est tout acquis...

XXIX

Le Poméranien et Charles Laurent s'engagèrent dans l'allée droite, sous le couvert des marronniers.

Hermann les suivit de près, en ayant soin d'étouffer le bruit de ses pas sur le sable.

Chemin faisant il entendit le pseudo-Lorbac dire à son compagnon :

— La route est un peu triste, hein, cher comte ?... Qu'en pensez-vous ?...

M. d'Angélis répliqua :

— Une route ne semble jamais triste quand on sait que le bonheur vous attend au bout.

— Si mademoiselle Bijou vous écoutait, elle aurait le droit d'être fière !!

— Ce n'est pas de mon amour que pourrait venir son orgueil... c'est de sa beauté...

— Ah ! vous êtes solidement mordu !

— Vous ne comprenez guère cela, Français légers, épris de toutes les femmes ! ! — Nous autres gens du Nord, quand nous donnons notre âme, c'est sérieux... — Avant de rencontrer Adah, je n'avais jamais aimé !... — Je l'adore ! !... — Elle peut me demander tout, — sauf mon nom, — elle obtiendra tout...

— Je crois que ça lui suffira... — fit le faussaire en riant.

— Sommes-nous encore loin de la maison ?... — reprit le comte.

— Non, tout près... — Cette traînée lumineuse que vous voyez d'ici s'échappe de la porte ouverte...

— Et vous êtes sûr qu'Adah est venue ?...

— Autant que je le suis d'être votre ami...

— Si vous saviez comme mon cœur bat ! !

— Il battra bien plus tout à l'heure...

Ce furent les dernières paroles échangées jusqu'au moment où les deux hommes atteignirent le seuil...

— Je vous montre le chemin... — dit Charles Laurent en entrant le premier dans le vestibule et en ouvrant tout à fait la porte entre-bâillée du salon.

Le brusque passage des ténèbres profondes du dehors à la lumière relativement éclatante de l'intérieur éblouit d'abord le Poméranien, mais au bout de moins d'une seconde ses yeux s'habituèrent à cette clarté vive et il regarda autour de lui.

— Vous trouvez que ça manque de luxe? — fit le faux Lorbac avec un sourire.

— A la beauté radieuse de Bijou, la bien nommée, il faudrait un écrin éblouissant, — répliqua le Poméranien; — et celui-ci me semble indigne du diamant sans tache qu'il renferme...

— Adah ne vient ici que de loin en loin... et d'ailleurs elle a des goûts simples...

— Quand la verrai-je?

— Mais, tout de suite... — Je vais la prévenir que nous sommes arrivés...

— Me recevra-t-elle dans cette pièce?

— Oui, d'abord... — Vous tâcherez d'obtenir ensuite qu'elle vous conduise ailleurs...

— Me laisserez-vous seul avec elle?...

— Bien entendu...

— Vous êtes un incomparable ami!! — murmura M. d'Angélis.

— Parbleu, je le sais bien!... — fit Laurent, et il se dirigea vers la porte comme pour sortir, mais en réalité pour indiquer du geste à Vogel, immobile et attentif dans la pénombre du vestibule, que le moment d'apparaître était venu.

Le caissier attendait le signal de son complice.

Il entra et ferma derrière lui la porte à double tour.

Sa figure mortellement pâle exprimait une de ces résolutions brutales que rien n'arrête, que rien n'ébranle...

Il suffisait de le regarder pour comprendre qu'il était prêt à tout.

— Monsieur le comte, — dit-il d'une voix sourde, — j'ai l'honneur de vous souhaiter la bienvenue céans...

Au bruit inattendu de cette voix le Poméranien tressaillit, se retourna vivement, et jeta sur Vogel un coup d'œil empreint d'étonnement, mais non d'inquiétude.

L'idée qu'il était pris dans un traquenard effroyable ne lui venait point encore.

— Ah çà ! mais je ne me trompe pas !! — s'écria-t-il au bout d'un instant. — Vous êtes bien le baron de Précy...

Hermann s'inclina en répondant :

— Lui-même...

— Enchanté de vous voir, assurément, monsieur le baron, — reprit le comte, — mais permettez-moi de vous demander par quel hasard je vous rencontre ici ?...

— Ce n'est point par hasard... — Ma présence est

toute naturelle, quoiqu'elle semble vous surprendre... — Je suis chez moi...

— Chez vous !! — répéta l'étranger avec stupeur.

— Chez moi, oui, monsieur, parfaitement.

Le comte d'Angélis posa la main sur l'épaule de son guide, et dit en le regardant bien en face :

— C'est vous qui m'avez amené... — C'est donc à vous que je demande le mot de cette énigme, et c'est à vous de me le donner...

— Je vais le faire, — répliqua le faux Lorbac, — et pour peu que vous y mettiez de bon vouloir, quand vous connaîtrez par le menu la situation, les choses se passeront de façon très-courtoise...

— J'attends...

— « *Oh! mon Dieu, c'est bien simple!* » comme dit Gil-Pérez dans les pièces du Palais-Royal... — reprit Charles Laurent, en imitant les intonations de l'acteur dont il venait de prononcer le nom. — Je vous ai persuadé, cher comte, que je vous conduisais chez une jolie personne dont vous [êtes *toqué!* — C'était un innocent mensonge... — J'avais besoin d'un prétexte ingénieux pour vous décider à me suivre dans ce logis... — J'ai pris celui-là... — Il était bon, puisque vous voici.

M. d'Angélis ne comprenait pas encore.

— Ainsi, — fit-il avec un commencement de colère,

— vous vous êtes moqué de moi, et vous en convenez !...

— Allons donc ! ! — répliqua le Lorbac. — Me moquer de vous, cher comte ! !.... Par exemple ! ! — Jamais de la vie ! ! — Vous dénaturez mes intentions ! !... — Je m'inscris en faux contre toute tentative de raillerie déplacée !...

— Mais alors pourquoi ce mensonge ? Pourquoi ce prétexte ? Pourquoi m'amener dans cette maison où personne ne m'attend ?.,.

— Ah ! voilà !... — L'explication est de nature délicate et je fais un sérieux appel à votre esprit de conciliation... — Figurez-vous, cher comte, que vous êtes céans entre deux gentlemen fort maltraités par la fortune adverse... — Le mauvais sort s'entête à nous persécuter ! ! — Nous avons lutté contre lui de toutes nos forces, avec un courage et une persévérance dignes du plus grand succès !... — Nous avons été vaincus, et vaincus de façon si complète et si lamentable qu'il nous faut aujourd'hui quitter Paris et la France au plus vite, pour éviter les conséquences de certains actes irréfléchis dont le détail serait un peu long...

—Pourquoi me racontez-vous ces choses ? — interrompit le Poméranien.—Vos affaires intimes et celles de monsieur le baron de Précy ne me regardent pas...

Charles Laurent leva les yeux et les mains vers le plafond, par un geste très-pathétique.

— Quelle erreur est la vôtre ! ! — dit-il ensuite. — Nos affaires vous regardent énormément, au contraire, puisque vous pouvez seul nous soustraire aux conséquences susmentionnées, et que c'est sur vous que nous comptons pour cela...

— Sur moi ! ! — répéta M. d'Angélis. — Je me demande si je rêve ! !

— Non... non... vous êtes bien éveillé... — Je continue ; — L'argent est le nerf de la guerre... — Il en faut pour se replier en bon ordre après la défaite, comme pour se porter en avant après la victoire... — il en faut même davantage en cas de défaite... — Or, nous en manquons et vous en avez ! ! — Est-ce équitable cela ? — Non ! non ! et cent fois non !... — Il y a là une injustice flagrante ! Votre rôle est tout indiqué, je vous assure, et je n'en connais pas de plus beau !... Substituez votre intelligence libérale au hasard aveugle qui régit le monde, et réparez pour nous l'injustice du sort ! — Est-ce entendu ?

Le Poméranien regarda successivement Hermann Vogel et son complice.

— Il m'a semblé comprendre que vous demandiez de l'argent... — murmura-t-il.

— Vous avez bien compris... — répliqua le faussaire.

— Est-ce une centaine de louis que vous voulez ?...

— Fi donc ! — Pour qui nous prenez-vous ? — Que ferions-nous de quelques louis, bon Dieu ?... — Il nous faut une grosse somme... une très-grosse somme...

— Cette grosse somme, je ne l'ai pas sur moi.

Charles Laurent toucha du bout du doigt le côté gauche du torse d'Angélis.

— Pardon, cher comte, — répondit-il, — vous l'avez là, en billets de banque, en chèques et en mandats, dans une poche de côté soigneusement cousue, mais facile à découdre... — Le contenu de cette poche nous est indispensable, et nous vous saurons gré de le mettre à notre disposition.

— Et, si je refuse ?...

— Vous ne refuserez pas... — Vous êtes trop intelligent pour refuser quoi que ce soit à vos bons amis, quand vos bons amis sont plus forts que vous...

Le comte croisa ses bras sur sa poitrine et s'écria d'un ton d'écrasant mépris :

— Ah çà ! mais, vous êtes des voleurs, et je suis dans un coupe-gorge !!...

XXX

— *Nous sommes des voleurs et vous êtes dans un coupe-gorge!* — répéta le pseudo-Lorbac en riant. — Ah ! cher comte, voilà des expressions de bien mauvais goût !! — Nous pourrions certainement nous en formaliser, mais votre qualité de Poméranien vous donne le droit incontestable de méconnaître les nuances et d'ignorer les finesses de la langue... Nous userons donc d'indulgence à votre égard... — Seulement je vous conseille en ami de ne pas nous faire attendre plus longtemps l'acte de complaisance que nous sollicitons... — Exécutez-vous, croyez-moi, c'est dans votre intérêt...

— C'est-à-dire, — répliqua M. d'Angélis à qui l'indignation n'ôtait rien de son sang-froid, —

c'est-à-dire que, me tenant dans un piége où ma naïve confiance m'a fait donner tête basse, vous prétendez me dépouiller et me bafouer en même temps !... Il vous plaît d'exercer l'honnête industrie de détrousseurs de grandes routes, avec des airs de gens du monde !... — Vous demandez la bourse ou la vie, et vous trouvez original d'y mettre des formes !... — Faites votre métier, gredins, mais du moins faites-le franchement !... — Si vous êtes les plus forts, usez de votre force... — Je ne veux pas être ridicule !... Je ne céderai qu'à la violence !...

Charles Laurent fit un signe à Vogel et reprit :

— S'il ne faut que cela, cher comte, soyez satisfait.

Et les deux hommes, exhibant à la fois leurs revolvers, en braquèrent les canons sur le Poméranien.

— Vous exécuterez-vous maintenant de bonne grâce, — demanda le faussaire, — ou nous mettrez-vous dans la nécessité fâcheuse de vous brûler un peu la cervelle ?...

M. d'Angélis regarda d'un air impassible les dix canons tournés contre lui et haussa les épaules.

A coup sûr cet Allemand avait quelque bravoure ; mais nous devons ajouter — (au risque d'amoindrir son apparent héroïsme) — qu'il prenait médiocrement au sérieux les menaces du prétendu Lorbac, et qu'il ne croyait point du tout à la possibilité d'un assassinat.

Charles Laurent frappa du pied avec impatience et s'écria :

— Tonnerre du diable... vous déciderez-vous ?

— Qu'exigez-vous de moi ? — fit le Poméranien.

— Nous exigeons les billets de banque, les chèques et les mandats dont vous êtes porteur, et, comme mandats et chèques nous seraient inutiles sans votre signature — (nous ne sommes point des faussaires !) — vous allez vous asseoir à cette table où vous voyez de l'encre et des plumes, et endosser *pour acquit* ces chiffons de papier...

— Que me restera-t-il, alors ?

— Ceci, cher comte, ne nous regarde pas... — Nous sommes gens trop discrets pour nous mêler de vos affaires d'argent...

— Et quand j'aurai cédé, que ferez-vous de moi ?...

— Je pourrais vous répondre que nous vous donnerons tout de suite la clef des champs... — Je mentirais... — La tentation de nous dénoncer n'aurait qu'à vous traverser l'esprit, et nous tenons à vous éviter cette regrettable démarche... — Il ne vous arrivera d'ailleurs rien de fâcheux... — Nous vous enfermerons simplement dans une cave où vous trouverez un bon fauteuil préparé tout exprès pour vous... — A peine aurez-vous le temps de vous ennuyer... — Demain, vers cinq heures de l'après-midi, on viendra vous ouvrir, vous serez libre et vous pourrez, si le cœur vous en dit, aller dialoguer à notre sujet avec monsieur le procureur impérial ou avec son substitut... — Ça n'aura pas d'inconvénient... Nous serons en sûreté !! — Vous savez présentement à quoi vous en tenir... — Ce ne sont plus des paroles qu'il nous faut, ce sont des actes... — Décidez-vous donc, et vite !! — Il nous serait pénible d'agir nous-mêmes, et nous le ferions cependant sans hésiter... — Vous comprenez ça ?...

— Oseriez-vous porter la main sur moi ? — demanda le comte.

— Parfaitement ! oh ! parfaitement !...

— *Der Teufel !* — fit le Poméranien d'une voix rauque qui passait en sifflant entre ses dents serrées. — *Der Teufel !* je suis bien dans le cas de légitime défense, et nous allons rire !...

En même temps sa main droite, qui depuis quelques instants caressait un objet invisible au fond d'une de ses poches, reparut armée d'un petit revolver à crosse d'ébène et à canons d'acier poli.

M. d'Angélis ajusta successivement Charles Laurent et Hermann avec la rapidité de l'éclair, et deux fois de suite pressa la détente.

Deux détonations retentirent.

La première balle traça un sillon brûlant, mais sans profondeur, sur l'épaule du faussaire.

La seconde coupa une mèche de la chevelure blonde de Vogel, en effleurant à peine l'épiderme.

— Ah! scélérat, tu nous prends en traître!! — cria Laurent avec un soudain accès de rage. — Tu nous canardes comme des chiens enragés! — Ton compte est bon!! — Feu! Hermann! Feu!!

Quatre coups de revolver, tirés presqu'à bout portant, éclatèrent à la fois.

Le Poméranien, atteint en plein visage, la barbe et l'épiderme brûlés par la poudre, les joues et les yeux troués par les balles, ne poussa ni un cri, ni un soupir..

Il lâcha son arme, tomba de toute sa hauteur à la renverse et ne bougea plus. — Une des olives de métal l'avait foudroyé en traversant le cerveau.

Hermann recula.

— Mort! — murmura-t-il sourdement. — Il est mort!... Nous l'avons tué!...

— Parbleu! — répondit le faussaire. — Il est mort et nous sommes vivants, mais ce n'est pas sa faute!... — J'ai de son plomb dans l'aile, et, s'il avait visé deux millimètres plus bas, c'est vous, mon très-bon, qui seriez étendu là, à sa place... — Donc ne vous apitoyez point, et ménagez des pleurs inutiles!!

— Qu'allons-nous faire? — reprit Vogel.

— Exactement ce que nous aurions fait si cet événement dramatique ne s'était pas produit... — La fin prématurée du comte d'Angélis ne modifie quoi que ce soit à nos projets... — Nous allons découdre sa poche et nous en extrairons billets de banque et valeurs... — Je me charge d'endosser les traites à sa place... — Il ne réclamera point...

— Mais ce cadavre?...

— Nous le descendrons à la cave où nous le mettrons sous clef... — On ne le trouvera pas de sitôt...

— Voyez donc, — balbutia Vogel, — le sang coule... Le cercle rouge s'élargit sur le parquet...

Laurent ne put contenir un mouvement d'impatience, et répliqua:

— Eh! mon cher, de quoi diable vous occupez-vous?... On ne fait pas d'omelette sans casser des œufs! — Au lieu de perdre la tête, comme vous en prenez le chemin, aidez-moi!... Soutenez par les épaules notre défunt ami, s'il vous plaît...

Vogel obéit machinalement.

Le pseudo-Lorbac, un canif à la main, se pencha, explorant la redingote et le pardessus et cherchant cette fameuse poche cousue qui devait contenir une fortune.

Elle n'existait pas...

En revanche une poche parfaitement visible renfermait un portefeuille de cuir de Russie, encadré d'argent niellé et portant en relief les initiales et la couronne du comte d'Angélis.

Charles Laurent prit ce portefeuille avec une hâte fiévreuse et l'ouvrit.

Il y trouva quatre billets de banque de mille francs, une demi-douzaine de photographies féminines dans des costumes plus que galants ; mais nul vestige des lettres de crédit sur lesquelles il comptait.

— Tonnerre du diable ! — murmura-t-il. — Nous serions-nous donné tant de mal pour une misérable somme de quatre mille francs ? — C'est ça qui serait de la déveine, car présentement nous risquons l'échafaud ! ! — Angélis n'avait-il pas de valeurs ? — Mais, non... c'est impossible ! — Croyant venir en bonne fortune, il aura laissé les traites chez lui, dans un meuble !... — Eh ! bien, nous irons les prendre chez lui, et, si bien cachées qu'elles soient, nous les trouverons ! !

Le pseudo-Lorbac visita les poches du pantalon comme il avait visité celle des autres vêtements. — Il en tira un porte-monnaie, une clef d'appartement et un anneau d'acier auquel pendaient cinq ou six autres clefs de plus petite taille.

— Partageons... — dit-il alors à Vogel. — Le porte-monnaie contient vingt louis... en voici dix et deux billets de banque.—Je prends la montre dont je vous tiendrai compte.—Elle est armoriée et fera très-bien dans mon gousset... — Maintenant, aidez-moi... Supprimons ce cadavre en le portant dans le sous-sol, et filons...

Les deux hommes soulevèrent le corps, l'un par les pieds, l'autre par les épaules, et s'apprêtèrent à sortir.

Mais, avant d'avoir fait un pas vers la porte, ils laissèrent retomber sur le plancher leur lugubre fardeau et se regardèrent, pâles d'épouvante.

Une main inconnue sonnait à toute volée la cloche du jardin...

XXXI

La situation était effroyable !!

Se figure-t-on ces meurtriers emportant le cadavre chaud et saignant de leur victime, et surpris au début de cette funèbre besogne par un coup de cloche retentissant dans le silence et dans les ténèbres ?

Une si formidable émotion suffirait assurément pour blanchir en une seconde les cheveux des plus résolus...

Charles Laurent se pencha vers Hermann :

— Attendiez-vous quelqu'un ? — lui demanda-t-il tout bas.

— Personne... — répondit le caissier.

— Avez-vous dans le village ou dans les environs des gens de connaissance qui parfois, le soir, arrivent à l'improviste, soit pour votre femme, soit pour vous ?

— Personne... — répéta Vogel.

— Mais, alors...

Le faux Lorbac n'acheva point sa phrase.

La cloche du jardin résonnait pour la seconde fois.

Un nouveau regard échangé par les assassins leur prouva que tous deux avaient même pensée.

— La peur est mauvaise conseillère... — murmura Charles Laurent. — Nous nous trompons peut-être... attendez, je vais voir...

Il éteignit toutes les lumières, sauf une bougie placée près des plumes et de l'encrier sur la table où le comte d'Angélis devait endosser les traites dont on le croyait porteur.

Ceci fait, il ouvrit sans bruit la porte du salon, puis celle du vestibule d'où nulle clarté ne s'échappait désormais, il s'enfonça résolûment dans l'obscurité, et, suivant l'allée de marronniers, se dirigea vers la grille.

Lorsqu'il ne fut plus séparé de cette grille que par une distance d'environ cinquante pas, il s'arrêta et prêta l'oreille.

Un murmure confus arriva jusqu'à lui.

Il entendait parler, mais il ne pouvait distinguer aucune phrase.

14.

Tout à coup, et pour la troisième fois, une main vigoureuse agita pendant quelques secondes la chaînette qui mettait la cloche en branle.

Quand la dernière vibration s'éteignit, le feu de deux lanternes sourdes de fort calibre fut démasqué à l'improviste et, grâce à la puissance des réflecteurs, un double rayon lumineux enfila l'allée droite.

Charles Laurent, qui ne s'attendait à rien de semblable, devint instantanément visible.

Il se jeta derrière un tronc d'arbre, mais sa présence était signalée.

— Ouvrez, au nom de la loi ! — dit une voix sonore. — Nous sommes porteurs d'un mandat bien en règle... — Un serrurier nous accompagne... — Si vous n'obéissez de bonne volonté, nous allons forcer la serrure...

Le faussaire n'en écouta pas davantage et, tournant sur lui-même, prit sa course dans la direction du logis.

Il franchit le seuil comme une trombe, en refermant à clef les portes derrière lui.

Hermann, dont la prostration dépassait toute croyance, s'était laissé tomber sur un siége.

En voyant entrer son complice haletant, il se dressa.

— Eh bien ? — demanda-t-il effaré.

— Eh bien ! c'est la police...

— Alors nous sommes perdus !... — balbutia le misérable.

— Nous sommes sauvés, au contraire !! — répondit le pseudo-Lorbac.

— Comment ?...

— Une inspiration... un trait de génie...

— Parlez !... Au nom du ciel, expliquez-vous !...

Charles Laurent désigna du geste le mort, étendu sur le dos dans une mare de sang.

— Regardez ce cadavre... — dit-il.

Vogel obéit en frissonnant.

— Les coups de feu l'ont défiguré... — reprit le faussaire. — Le visage est broyé... la barbe et les cheveux sont blonds comme les vôtres... Qui pourrait affirmer que ce corps est celui du comte d'Angélis et non celui du caissier Vogel... — Avez-vous votre portefeuille ?...

— Oui...

— Contient-il des lettres à votre adresse ?...

— Sans doute...

— Donnez... — Donnez aussi votre montre et votre anneau de mariage...

— Les voilà... — Qu'allez vous en faire ?...

— Assurer notre salut à tous deux...

Charles Laurent, s'agenouillant, glissa le portefeuille dans une des poches du cadavre, la montre dans son gilet, la bague nuptiale à son doigt, et dit quand il eut achevé :

— Maintenant asseyez-vous à cette table... Prenez une feuille de papier... Trempez une plume dans l'encre... Écrivez...

— Quoi ?

— Je vais dicter...

Et il dicta les lignes suivantes, que le caissier traça machinalement.

— « *Dieu est juste !... Tout s'expie ! — J'ai commis*
» *des fautes honteuses que ma conscience me reproche et*
» *que la loi doit punir... — L'heure de l'expiation vient*
» *de sonner. — Au moment où j'écris, la police force mes*
» *portes et le bagne ouvre les siennes... — Entre la mort*
» *et le déshonneur public, il faut choisir... — Je choisis*
» *la mort.* »

— *La mort...* — murmura le caissier, répétant le dernier mot ;

— Signez : Hermannn Vogel, et datez...

— C'est fini...

— Tonnerre du diable ! il était temps !... — Les voici...

On entendait en effet, depuis une seconde, les instruments du serrurier ébranler la serrure du vestibule.

Charles Laurent prit son revolver, ramassa celui du comte d'Angélis, fit feu quatre fois de suite, poussa un cri aigu et renversa un meuble.

Puis, sans prononcer une parole, il enfonça le chapeau du Poméranien sur la tête de Vogel, saisit ce dernier par la main, l'entraîna dans le cabinet aux débarras, ouvrit la fenêtre et le volet, bondit sur le bord de la croisée et sauta dehors.

Hermann le suivit.

Tous deux se trouvèrent dans l'enclos, sans qu'aucun agent de police eût signalé leur fuite.

Le faussaire repoussa les volets, et prenant de nouveau la main de Vogel, car les ténèbres étaient si profondes qu'en se touchant on ne se voyait pas, il s'éloigna de la maison avec lui.

Quand ils furent à quelque distance, Charles Laurent, d'une voix aussi faible qu'un souffle, dit à l'oreille de son compagnon :

— Existe-t-il dans le mur d'enceinte une porte donnant sur la campagne ?...

— Oui... — fit le caissier.

— Où se trouve cette porte ?

— En haut, derrière le taillis.

— En avez-vous la clef ?

— Elle est à la serrure... on ne l'enlève jamais.

— Tout va bien... — Conduisez-moi.

La porte indiquée par Hermann servait très-rarement. — La rouille opposa quelque résistance, mais le pêne finit par devenir docile et les complices eurent le droit de se croire tout à fait sauvés quand ils mirent le pied sur un terrain vague, bordé d'une clôture en planches pourries et descendant jusqu'à la berge.

Cinq minutes plus tard ils rejoignaient la voiture de louage qui avait amené au Bas-Meudon le comte d'Angélis et le faux Lorbac.

Cette voiture stationnait, nous l'avons dit, à plus de deux cents mètres de la propriété de maître Roch.

Le cocher, dormant sur son siége, n'avait entendu ni les détonations, ni les coups de cloche.

Charles Laurent le secoua pour le réveiller.

— C'est vous, bourgeois... — fit l'automédon. — Est-ce que nous retournerons à Paris ?...

— Oui.

— Où faudra-t-il vous conduire ?

— A l'angle du faubourg Montmartre et de la rue Geoffroy-Marie...

Il était tout près de minuit quand la voiture fit halte à l'endroit désigné.

A l'époque où se passèrent les faits que nous racontons, se trouvait vers le milieu de la rue Geoffroy-Marie un établissement assez mal famé dont la police tolérait l'existence, car on ne peut guère supposer qu'elle l'ignorait.

Une allée noire longeait une boutique de pâtissier-rôtisseur-marchand de vins, et restait ouverte toute la nuit.

Au bout de cette allée un petit escalier sombre conduisait à une demi-douzaine de cabinets meublés d'une table boiteuse et d'un vieux divan.

Les viveurs de la plus infime catégorie, en compagnie de Vénus de carrefour, pouvaient, à n'importe quelle heure nocturne, se faire ouvrir ces cabinets, et le pâtissier-rôtisseur-marchand de vins, leur y servait des soupers dont l'addition ne se soldait point en or (*).

Charles Laurent introduisit Vogel par l'allée noire dans un des cabinets en question, et commanda une volaille froide et deux bouteilles de vin de Bordeaux.

— Les émotions m'ont creusé... — dit-il, — j'ai besoin de me refaire... — D'ailleurs il faut tuer le temps, car nous n'irons rue Basse-du-Rempart que vers les deux heures du matin...

(1) L'établissement dont nous parlons existait réellement. — Bon nombre de nos lecteurs parisiens se souviendront d'en avoir entendu parler, avec certains détails impossibles à reproduire ici.

XXXII

Aux deux premières bouteilles de vin de Bordeaux Charles Laurent en fit succéder deux autres, — *pour se donner du ton,* — disait-il, — *et pour remonter le moral de son compagnon.*

Il avait la tête trop solide, et d'ailleurs une trop grande habitude des excès de table, pour se griser à si peu de frais, mais le Saint-Emilion lui fit oublier momentanément le drame terrible dont la villa du Bas-Meudon venait d'être le théâtre, et le rendit joyeux, loquace et questionneur.

— Voyons, cher ami, — dit-il, tout en découpant de larges tranches roses sur un jambon d'York à peine entamé qu'on venait de servir après la volaille, —laisserez-vous enfin de côté vos éternelles cachotteries, et maintenant que vous n'avez plus rien à attendre de qui que ce soit au monde, sauf de vous-même et peut-être de moi, m'expliquerez-vous le mobile de votre étrange conduite depuis pas mal de temps?

— Qu'ai-je à expliquer? — murmura Vogel d'une voix sourde.

— Ce que mon intelligence ne m'a pas jusqu'à présent permis de comprendre... — En vous mariant comme vous l'avez fait, en épousant une orpheline sans un sou de dot, vous aviez un but... — En devenant le très-intime ami de Maurice Villars, en donnant à ce moribond *la Torpille* pour l'achever, vous suiviez un plan... — Parlez à cœur ouvert une fois dans votre vie!! Quel était le but? Où tendait le plan?.

— Qu'avez-vous fait de votre mémoire? — répondit avec amertume le caissier que le vin rendait de plus en plus sombre — Ce but qui vous paraît obscur aujourd'hui, vous l'aviez pressenti le jour de mon mariage!... — Il paraît que mes dénégations ont eu le pouvoir de vous convaincre!! — Valentine de Cernay, l'orpheline que tout le monde croyait sans famille, avait un parent riche. — Elle devait, à courte échéance, recueillir un gros héritage, et ne s'en doutait pas...— Voilà pourquoi Valentine est devenue madame Vogel...

Charles Laurent frappa dans ses mains.

— Je parie que je devine le reste! — s'écria-t-il. — Le parent à succession était un oncle?

— C'est vrai...

— Et cet oncle se nommait Maurice Villars?...

— C'est toujours vrai.

— Très-bien combiné, tout cela! — reprit le Lorbac. — L'enjeu était éblouissant et les atouts ne vous manquaient pas!... — Comment avez-vous perdu la partie?

— Maurice Villars a fait un testament...

— Ah! diable! — Et à qui lègue-t-il sa fortune?...

— A qui? — répéta Vogel avec une croissante amertume. — Ah! cela, par exemple, je vous mets bien au défi de le deviner!!... — Son légataire universel... l'unique héritier de ses millions, de ses six millions, c'est moi!... Entendez-vous?... Comprenez-vous?... C'est moi!!

Laurent bondit sur son siége et se demanda, non sans quelque inquiétude, si son compagnon était frappé de folie soudaine.

Il le regarda et ne vit sur son visage que l'expression d'un découragement immense et d'une rage concentrée.

— Voyons... voyons... — reprit-il alors, — ne vous moquez pas de moi! — Si vous héritiez véritablement de six millions nous n'en serions point où nous en sommes et vous auriez pris de sérieuses mesures pour éviter une catastrophe!... — L'argent arrange tout, quand il est seul en cause...

— Je vous ai dit la vérité, — répliqua le caissier, — seulement je n'ai pas tout dit... Ce n'est point en faveur d'Hermann Vogel qu'est fait le testament de Maurice Villars, c'est en faveur du baron de Précy...

— Quoi! — s'écria le faux Lorbac. — Vous héritez sous votre pseudonyme!!...

— Hélas!...

Un éclat de rire involontaire répondit à cette exclamation douloureuse.

— Pardonnez-moi cette hilarité malséante dont je ne suis pas maître!... — fit Charles Laurent. — Je compatis à votre situation, et je conviens qu'elle est fort navrante, mais en même temps elle est si drôle!... Jamais, à coup sûr, romancier en quête d'effets *neufs*, n'inventa rien de plus original!... Six millions à un nom de guerre et pas un sou au porteur de ce nom!! — Le voilà le supplice de Tantale!... le vrai supplice!... le voilà!... — Ah! çà, mais, le testament est nul.

— Hélas! — répéta Vogel.

— Et les choses, — continua Laurent, — se trouvent exactement dans le même état que si Maurice Villars n'avait point testé... — Les héritières naturelles rentrent dans tous leurs droits, et ces héritières étant les nièces du défunt, votre femme et sa sœur sont millionnaires...

Hermann, plus livide qu'un noyé, se dressa comme mû par un ressort.

— Millionnaires... — s'écria-t-il. — Valentine est millionnaire !!

— Parfaitement... — Vous n'aviez pas pensé à cela !!

— Mais il est encore temps... je peux...

— Il est trop tard, et vous ne pouvez rien... — interrompit le pseudo-Lorbac. — Point de chance, mon pauvre Vogel !... — Vous êtes mort à l'heure qu'il est... aussi mort que possible... — C'est écrit par vous... C'est signé par vous... — Votre femme est veuve et bien veuve...

— Non, cent fois non, si je me présente et si je prouve que j'existe...

Charles Laurent haussa les épaules, en répliquant :

— Et que faites-vous du comte d'Angélis, je vous prie ? — La police qui vous cherchait a trouvé ce soir un cadavre au Bas-Meudon... — Si ce cadavre n'est pas le vôtre, c'est donc celui d'un homme assassiné par vous ? — Tirez-vous de ce dilemme ! — Essayez de reparaître et niez votre mort !... — Valentine n'en aura pas moins à commander son deuil !...

— A défaut du suicide, l'échafaud la rendra veuve !!

— Croyez-moi, cher ami, estimez-vous heureux de sauver votre peau, et ne donnez point signe de vie...

Hermann, sans répondre, baissa la tête.

L'évidence l'écrasait.

Tout ce qu'il avait entrepris tournait contre lui !...

— Jamais lutteur ne fut plus complétement vaincu.

L'ex-comte de Lorbac remplit le verre du ci-devant baron de Précy.

— Allons, buvez, — lui dit-il, — soyez homme et chassez les pensées noires ! — Il viendra des jours meilleurs...

Hermann vida son verre, en murmurant d'une voix indistincte :

— Celui qui dort là-bas du sommeil éternel... Celui que nous avons tué est plus heureux que moi !!

Vers une heure et demie du matin Charles Laurent paya le souper, descendit l'étroit escalier, longea l'allée noire toujours ouverte et se trouva sur le trottoir de la rue Geoffroy-Marie avec son compagnon.

Le temps avait changé. — Il tombait une petite pluie fine. — Les rues étaient presque désertes.

Les deux hommes gagnèrent l'angle du faubourg Montmartre. — Un fiacre passait à vide, ils le prirent à l'heure et se firent mener rue Basse-du-Rempart, à la porte de la maison où le Poméranien occupait un appartement à l'entre-sol.

Cette maison — (nous l'avons dit) — avait plusieurs corps de logis, séparés par de vastes cours. — Un marchand de chevaux et un loueur de voitures de grande remise exerçaient leur industrie dans la dernière de ces cours. — Les cochers, les grooms, les palefreniers, entraient et sortaient pendant toute la nuit.

En de telles conditions la surveillance du concierge se trouvait absolument nulle, et c'est pour cela surtout — (nous le savons) — que M. d'Angélis s'était installé dans cette ruche immense.

Charles Laurent sonna..

Le portier, qu'une longue habitude rendait à peu près somnambule, tira le cordon tout en dormant et ne s'inquiéta même point de savoir à qui il venait d'ouvrir.

— Suivez-moi... — murmura le faussaire à l'oreille de Vogel, en s'engageant dans un escalier voisin de la loge.

On éteignait le gaz à minuit. — L'escalier était sombre. — Une allumette-bougie donna la clarté suffisante pour atteindre l'entre-sol et pour présenter à la serrure la clef d'appartement prise dans la poche d'Angélis.

Cette clef ouvrit sans difficulté.

Les deux hommes entrèrent.

Un bougeoir attendait sur la table de l'antichambre. — Laurent l'alluma et conduisit Vogel droit à la chambre à coucher du Poméranien.

Cette chambre, un cabinet de toilette, un salon et une salle à manger fort exiguë, composaient tout le logement.

Les meubles, fournis en location par un tapissier, se donnaient des airs de richesse et d'élégance, mais ne dépassaient pas le niveau d'une prétentieuse vulgarité.

L'ex-Lorbac étendit la main vers une armoire à glace en thuya et palissandre placée en face du lit.

— C'est là qu'il mettait ses papiers, — dit-il. — C'est-là que doivent être les billets de banque et les valeurs... — Dans cinq minutes nous serons riches...

XXXIII

Parmi les clefs suspendues à l'anneau brisé pris dans la poche du comte d'Angélis se trouvait celle de l'armoire à glace.

Charles Laurent s'empressa d'en faire usage.

Le meuble renfermait, étalés en bon ordre sur les rayons, des vêtements d'homme ; des chemises d'une coquetterie transcendante mais un peu tudesque, car leurs devants bouillonnés et brodés se recommandaient plus par la richesse que par le bon goût ; quelques bijoux sans grande importance dans leurs petits écrins de velours ; des objets de toilette ; des flacons de parfums, et enfin un portefeuille de chagrin noir, d'assez grande dimension et qui paraissait bien garni.

C'est de ce dernier objet que le pseudo-Lorbac s'occupa tout d'abord.

— Ce que nous cherchons doit être là dedans !! — fit-il en saisissant le portefeuille.

Et il l'ouvrit d'une main fiévreuse.

Sa déception sera plus facile à comprendre qu'à décrire quand on saura qu'au lieu des billets de banque et des lettres de crédit convoités, il ne trouva que des papiers de famille, des titres de noblesse, un arbre généalogique, un carnet de chèques, et enfin quelques lignes, sur papier à en-tête gravé, par lesquelles Me Chatelet, notaire à Paris, rue de Choiseul, déclarait avoir reçu en dépôt de M. d'Angélis un petit paquet sous enveloppe scellée de cinq cachets de cire rouge aux armes du comte, dépôt qu'il s'obligeait à ne remettre qu'au comte lui-même, en mains propres.

Ce laconique écrit démolissait de fond en comble les cupides espérances des deux gredins.

Toute recherche ultérieure devenait inutile.

Les lettres de crédit se trouvaient déposées chez un notaire qui connaissait personnellement Hermann Vogel et le comte d'Angélis, il n'existait donc aucun moyen de s'emparer de ce dépôt par la ruse, et, à moins d'être complétement absurde, on ne pouvait songer à une tentative de violence.

— Affaire manquée!! — murmura Charles Laurent. — Ma parole d'honneur ce n'était pas la peine de supprimer ce pauvre diable de Poméranien pour la misérable somme de quatre mille quatre cents francs!... — Il me croyait fort à mon aise, ce cher comte, et m'en aurait prêté le double de bon cœur. — Enfin, ce qui est fait est fait... — N'y pensons plus...

L'ex-Lorbac fit claquer ses doigts et reprit, en s'adressant à son compagnon dont ce dernier mécompte redoublait l'abattement :

— Passez dans le cabinet de toilette, mon excellent bon... — La porte à gauche, à côté du lit. — Je le connais, ce cabinet, il est confortable... — Allumez des bougies, choisissez un rasoir dans la trousse et fauchez cette épaisse toison qui constitue à elle toute seule un signalement complet... — Voilà deux valises fort élégantes... — Pendant que vous vous barbifierez avec soin, je ferai à votre intention et à la mienne un triage intelligent du linge et des vêtements de feu notre ami et je garnirai les valises... — Il était fort exactement de la même taille que nous, notre ami... — Tout nous ira le mieux du monde...

Hermann suivit passivement le conseil donné par Charles Laurent.

Il franchit le seuil du cabinet, alluma les bougies

placées, comme dans une loge d'actrice, à la droite
et à la gauche de la glace biseautée d'une toilette-
duchesse, fit mousser le savon, prit un rasoir et abattit les favoris touffus et la barbe luxuriante qu'il portait en éventail.

Il ne garda que les moustaches.

Cette opération modifiait l'ensemble de ses traits
au point de le rendre méconnaissable, mais l'enlai-
dissait de façon surprenante en mettant à nu sa mâ-
choire inférieure épaisse, ses joues tombantes, son
menton lourd et carré.

Avec sa barbe Hermann Vogel était joli homme et
suffisamment distingué.

Sans sa barbe il devenait commun, et son visage
découvert offrait un type de force brutale et de bes-
tial entêtement.

Quand il rentra dans la chambre à coucher Charles
Laurent fit un geste de surprise et s'écria, en mettant néanmoins une sourdine à sa voix:

— Comment, c'est vous !! — Je vous aurais rencontré dix fois de suite sur le boulevard sans vous
reconnaître... — Mes compliments de la métamorphose, mais de cela seulement, car entre nous ce dé-
boisement ne vous embellit pas... — Les valises sont
prêtes... — J'ai placé dans celle que je vous destine
le gros portefeuille et son contenu... — Vous voilà

possesseur de tous les papiers de famille du Poméranien... — Étant d'origine prussienne vous parlez l'allemand à merveille... — Rien ne vous empêchera donc, si vous y trouvez quelque avantage, de vous glisser dans la peau d'Angélis qui, vous le savez, était sans parents... — Vous réfléchirez à cela quand nous aurons passé la frontière, et je vous mettrai à même, au besoin, en moins de quinze leçons, d'imiter l'écriture et la signature du défunt...

Si gracieuse que fût cette offre, Vogel n'y répondit point.

Peut-être n'avait-il pas entendu...

Une demi-heure plus tard les deux hommes, porteurs chacun d'une valise amplement garnie, quittaient l'entre-sol après avoir clos l'armoire à glace, et refermaient derrière eux la porte de l'appartement.

— Si le concierge allait refuser de nous ouvrir !... — pensait Hermann en descendant l'escalier. — Nous serions pris ici comme des rats dans une ratière... — On nous demanderait qui nous sommes... On voudrait savoir d'où nous venons... La vérité se ferait jour, et ce ne serait plus le bagne alors, ce serait l'échafaud...

Le mari de Valentine se disait ces choses, et, en proie à une épouvante irraisonnée, tremblait de tout son corps en suivant son complice.

Ils arrivaient en face de la loge.

— Cordon, s'il vous plaît ! — cria Laurent.

Le petit bruit sec du ressort détendu se fit entendre ; — la porte tourna sur ses gonds et l'épouvante d'Hermann se dissipa comme par enchantement.

Il était trois heures du matin.

La pluie continuait à tomber.

L'ex-Lorbac fit monter Vogel dans la voiture et prit place à côté de lui.

— Où allons nous, bourgeois ? — demanda le cocher.

— Au chemin de fer d'Orléans... — répondit Laurent.

Le cocher fouetta son cheval.

— Vous perdez la tête, je pense ! — murmura Vogel lorsque la voiture se fut ébranlée.

— Pourquoi cela ?...

— Ce n'est point à Orléans que nous allons... c'est à Bruxelles... vous le savez bien...

— Oui, parbleu ! je le sais... mais soyez tranquille... Nous reviendrons à la gare du Nord pour le premier départ... — Si je donne ordre de nous conduire à l'autre bout de Paris, c'est afin de tuer le temps, de garder notre fiacre où nous sommes en sûreté, et d'y rester jusqu'au moment de prendre paisiblement nos billets, comme de bons bourgeois allant à leurs affaires en Belgique...

— Et, — reprit Hermann, — si la police surveille les gares et nous met la main au collet??

— Que voulez-vous, c'est une chance à courir, mais je ne la crois pas fort à craindre... — A l'heure qu'il est la police ne doute point de la mort du caissier Vogel, donc elle ne saurait donner l'ordre d'arrêter le susdit Vogel se disposant à quitter la France...

— Le raisonnement est inattaquable...

Il l'était positivement, et les faits se chargèrent de le démontrer.

Aucune surveillance particulière ne s'exerçait auprès des bureaux de distribution des billets à la gare du Nord.

Les deux fugitifs prirent des *tickets* de première classe, montèrent dans le train sans que personne fît attention à eux, et quelques heures plus tard respiraient librement.

Ils avaient passé la frontière !!

Abandonnons momentanément ces misérables, retournons en arrière jusqu'à la veille au soir, et prions nos lecteurs de nous accompagner de nouveau à la villa du Bas-Meudon.

La petite troupe de représentants de la loi que nous avons entendue sonner à la grille du jardin se composait d'un commissaire aux délégations judiciaires, d'un agent de la sûreté dont le nom de JOBIN commençait à être connu (*), et de deux agents en sous-ordre.

Le banquier Jacques Lefebvre les accompagnait.

En traversant le Bas-Meudon, le commissaire aux délégations avait réquisitionné un serrurier dont le concours pouvait devenir indispensable d'une minute à l'autre.

Comment la police s'était-elle trouvée si vite et si bien renseignée au sujet d'une demeure qu'Hermann Vogel croyait ignorée de tout le monde?...

Rien de plus simple et de plus facile à expliquer en peu de lignes.

Jacques Lefebvre, très-surpris de ne pas voir accourir son caissier, surtout après la lettre pressante que nous avons mise sous les yeux de nos lecteurs, avait envoyé aux informations rue de la Pépinière.

La concierge s'était empressée de répondre que la lettre expédiée par le banquier se trouvait depuis la veille dans les mains de M. Vogel.

Donc Hermann se savait attendu dans certaines circonstances d'une gravité exceptionnelle! Et il ne venait pas!... et il ne donnait point signe de vie!!...

C'était au moins étrange!!... — Jacques Lefebvre sentit sa défiance s'éveiller.

(*) *Les Tragédies de Paris*, Dentu, éditeur. — *Le Ventriloque*, Dentu, éditeur.

Sur ces entrefaites il reçut la visite de M° Chatelet, l'élégant notaire, qui le mit au fait de la double existence du caissier Vogel, menant rue de Boulogne un train d'homme très-riche sous le pseudonyme bien sonnant de baron de Précy, et méditant sans doute une fugue puisqu'il cherchait à vendre son mobilier luxueux...

Cette révélation suffit, et au delà, pour métamorphoser les soupçons en certitude.

Le banquier, parfaitement convaincu que son caissier était, sinon faussaire lui-même, du moins complice du faussaire, courut au parquet et porta plainte.

Avant toute chose il fallait arrêter Vogel.

Où le prendre?

Jobin, désigné pour trouver la piste, n'eut pas beaucoup de peine à faire causer le concierge de la rue de la Pépinière, mis au courant la veille par son ami le cocher de remise, et ce cocher eut l'ordre de se tenir à huit heures du soir, avec sa voiture, à la disposition des gens de justice...

XXXIV

Nous savons en quel moment terrible le banquier, le commissaire, Jobin et les deux agents en sous-ordre, amenés par le cocher, qui connaissant déjà la maison ne pouvait commettre aucune erreur, arrivèrent à la grille du jardin.

Nous savons aussi l'effet produit par les coups de cloche de la police sur Hermann Vogel et Charles Laurent.

Nous avons vu ce dernier s'aventurer à la découverte dans les ténèbres et devenir à son insu l'objectif des lanternes sourdes brusquement démasquées.

L'ordre d'ouvrir au nom de la loi n'ayant produit aucun résultat, le serrurier se mit à l'œuvre.

En moins de trois ou quatre minutes la grille tourna sur ses gonds.

Les représentants de la justice se trouvèrent dans le jardin, mais la moitié seulement de leur tâche était accomplie... — Il fallait maintenant franchir le seuil de la maison...

Le serrurier se remit au travail.

Ses outils attaquaient à peine la serrure du vestibule lorsque quatre détonations retentirent coup sur coup à l'intérieur du logis, suivie d'un cri rauque et du bruit d'un corps lourd tombant sur le parquet.

Le commissaire et les agents tressaillirent.

— Que se passe-t-il ? — murmura Jacques Lefebvre. — On assassine quelqu'un là dedans !!...

Jobin secoua la tête.

— Je ne crois pas, monsieur... — répondit-il.

— Mais, alors, qu'est-ce donc ?...

— Ou je me trompe beaucoup, — reprit l'agent de la sûreté, — ou le coupable que nous cherchons vient d'éviter la cour d'assises en se faisant justice lui-même...

Jobin se trompait, mais tout autre à sa place serait tombé dans la même erreur, tant était merveilleusement habile la manœuvre de Charles Laurent pour simuler un suicide.

— Le malheureux ! — dit Jacques Lefebvre, — Dieu m'est témoin que je ne voulais pas sa mort...

— Eh ! monsieur, ne le plaignez point... — répliqua

philosophiquement Jobin. — Il a fait un bon choix, je vous assure !! — Son avenir manquait de charme, et la tombe vaut mieux que le bagne...

Tandis que s'échangeaient ces paroles les deux complices prenaient la fuite en sautant par la fenêtre du cabinet voisin.

La porte du vestibule céda.

Il ne restait plus à ouvrir que celle du salon.

Ce fut l'affaire de quelques minutes et le petit groupe pénétra dans la pièce aux boiseries grises, encore pleine de la fumée des coups de feu.

La flamme vacillante de l'unique bougie éclairait le cadavre étendu sur le dos, les bras en croix, à côté d'un revolver dont quatre cartouches étaient brûlées.

— Vous voyez que je ne me trompais pas ! — fit Jobin. — Cet homme était seul ici, donc un meurtre est inadmissible...

Puis, s'adressant au banquier, il ajouta :

— Reconnaissez-vous votre caissier, monsieur ?

Jacques Lefebvre se pencha vers le corps, non sans une répugnance manifeste, et l'examina pendant un instant.

— Les coups de feu l'ont étrangement défiguré, — répondit-il ensuite, — mais néanmoins je le reconnais... — La nuance toute particulière des cheveux et de la barbe ne me permet pas d'hésiter... — Oui, c'est lui... c'est bien lui...

L'un des agents fouilla les vêtements du cadavre et en tira un portefeuille aux initiales : H. V.

— Je reconnais aussi le portefeuille... — s'écria le banquier. — Il appartenait à Vogel et doit renfermer des lettres à son adresse.

Une vérification immédiate confirma l'assertion de Jacques Lefebvre.

Jobin promenait ses regards autour de la pièce.

La feuille de papier placée bien en évidence sur la petite table, près de la bougie, attira son attention.

Il prit cette feuille et dit vivement, après avoir jeté les yeux sur les quelques lignes tracées par le caissier :

— S'il avait pu nous rester un doute à propos du genre de mort et au sujet de l'identité du cadavre, voici une preuve surabondante qui détruirait de fond en comble ce doute...

— Qu'est-ce donc ? — demanda le commissaire.

— C'est tout bonnement la déclaration de suicide, écrite et signée par le suicidé.

Et il lut à haute voix :

« *Dieu est juste! — Tout s'expie!... — J'ai commis* » *des fautes honteuses que ma conscience me reproche et*

» que la loi doit punir. — L'heure de l'expiation vient
» de sonner...— Au moment où j'écris, la justice force mes
» portes et le bagne ouvre les siennes... — Entre la mort
» et le déshonneur public, il faut choisir... — Je choisis
» la mort. »

» Hermann Vogel. »

Quelques secondes d'un profond silence succédèrent à cette lecture, puis le commissaire prit la parole :

— L'action criminelle est éteinte contre cet homme... — dit-il, — mais, sans doute, il avait des complices...

— Nous les chercherons... — répliqua Jobin, — et nous les trouverons.

— Quant à présent, — continua le magistrat, — il ne nous reste qu'à dresser procès-verbal du suicide accompli...

Jacques Lefebvre intervint.

— J'ai appris avec une grande surprise aujourd'hui par un notaire de Paris, — fit-il, — que mon caissier s'était marié il y a quelques mois, en cachant son mariage à tout le monde, et que sa femme et sa belle-sœur se trouvaient depuis trois ou quatre jours héritières d'une fortune considérable...

— Connaissait-il cette circonstance ? — demanda Jobin.

— Je l'ignore... — L'héritage en question est entouré de circonstances singulières et romanesques dont mes préoccupations actuelles ne m'ont point permis de me rendre compte bien exactement... — Peu importe d'ailleurs... — Si je vous ai parlé de madame Vogel, c'est qu'elle doit être ici...

— Ici !! — répéta le commissaire. — Vous croyez qu'elle est ici ?...

— Sans doute, puisqu'elle habitait cette maison avec son mari...

— Mais alors, pourquoi ne se montre-t-elle pas ?...

— Nous allons le savoir... — fit Jobin.

Il ralluma les bougies éteintes par Charles Laurent, prit un flambeau, sortit du salon, traversa le vestibule et gagna l'escalier qui conduisait au premier étage.

Ses instincts de policier émérite lui permettaient de se rendre compte, *au jugé* en quelque sorte, de la distribution intérieure d'une maison où il venait pour la première fois.

Un des agents demeura au salon, près du cadavre.

Les autres personnages suivirent le *détective*.

Arrivé au premier étage, sur le palier, Jobin s'arrêta.

— Regardez... — dit-il. — On n'a pas retiré la clef,

mais on l'a fait tourner deux fois dans la serrure... — La porte est donc solidement close, et quiconque se trouve de l'autre côté est momentanément captif...

Le policier fit tourner à deux reprises la clef en sens inverse et ouvrit.

Dans le cadre de la porte apparut Valentine, plus morte que vive, folle d'épouvante, les joues livides et baignées de larmes, les mains jointes.

Claire, suffoquée par la frayeur, se tenait derrière elle et se cramponnait à sa robe.

En voyant en face d'elle des inconnus, la jeune femme recula tout effarée, et balbutia :

— Qui êtes-vous? que me voulez-vous? — N'approchez pas!!...

Le commissaire de police entr'ouvrit son pardessus pour laisser voir l'écharpe tricolore, insigne de ses fonctions.

— Rassurez-vous, madame... — répondit-il. — Vous n'avez rien à craindre et nous vous apportons aide et protection... — Je suis magistrat... Ces messieurs appartiennent à la police de sûreté.

Le banquier s'avança.

— Et moi, madame, — ajouta-t-il respectueusement, — je me nomme Jacques Lefebvre et j'étais le patron de votre mari...

— Monsieur Lefebvre ici!! en compagnie d'un

magistrat et d'agents de la police!! — s'écria Valentine qui n'avait plus peur pour elle-même, mais dont l'effroi grandissant prenait une autre direction. — Que se passe-t-il donc ?... — Pourquoi ces coups de feu qui m'ont glacée de terreur ?... — Où est mon mari ?...

— Armez-vous de courage, madame... — dit le commissaire très-ému. — Nous avons à vous apprendre une nouvelle inattendue et profondément douloureuse... — Faites appel à toute votre force... — Préparez vous à recevoir un coup terrible...

— Ah ! — cria Valentine, — Hermann est mort !!...

Le commissaire garda le silence, et ce silence était une réponse.

— Mort !! — répéta la jeune femme avec une expression effrayante. — Il est mort !... Hermann est mort ! — Un assassinat, n'est-ce pas ?...

— Vous vous trompez, madame... un suicide...

— Un suicide !! — non !... c'est impossible... Je vous dis que c'est impossible !

— Lisez, madame...

Le commissaire mit sous les yeux de la malheureuse enfant la déclaration écrite et signée par son mari.

Elle y jeta les yeux, poussa un long soupir et tomba sans connaissance...

XXXV

Cet évanouissement se produisait à la suite de si poignantes angoisses et de si mortelles terreurs que les forces morales et physiques de Valentine étaient brisées. — En conséquence il se prolongea bien au delà des bornes d'une syncope ordinaire.

Quand la jeune femme reprit connaissance, au bout de plus de deux heures, elle se trouvait étendue tout habillée sur son lit.

Claire, assise auprès d'elle, tenait une de ses mains qu'elle couvrait de baisers en pleurant silencieusement.

La servante Mariette, — bonne fille au fond, et très-dévouée, — mouillait sans relâche les tempes de sa maîtresse avec un linge imbibé d'eau fraîche.

Le commissaire, Jacques Lefebvre, Jobin et l'un des agents, ayant achevé leur tâche dans cette lugubre demeure, avaient repris le chemin de Paris.

Le second agent restait seul au rez-de-chaussée, dans le salon, près du cadavre.

Jobin devait revenir le lendemain, de bonne heure, pour faire à la mairie du Bas-Meudon la déclaration du décès et pour éviter à la veuve une foule de formalités pénibles.

Valentine, en reprenant possession d'elle-même, reconquit instantanément la plénitude de ses souvenirs. — Elle attira Claire sur sa poitrine, elle la serra dans ses bras et ses sanglots éclatèrent.

Cette crise de douleur peut sembler improbable. — Elle était, au fond, toute naturelle.

Certes la jeune femme n'éprouvait pour Vogel aucun amour et, si l'amour avait existé, la conduite et les brutalités du caissier auraient amplement suffi pour l'anéantir.

Mais Valentine, créature d'élite, offrait l'incarnation touchante de ces vertus qui se nomment l'abnégation, le dévouement, l'indulgence...

Son âme angélique et toujours prête au pardon ne connaissait point la rancune.

Elle oublia ce qu'elle avait souffert par Vogel pour

se souvenir seulement que ce malheureux était son mari et le père de l'enfant prêt à naître...

L'expiation d'ailleurs rachète les fautes, et Vogel, se condamnant et exécutant la sentence terrible, venait de laver dans le sang les hontes de sa vie!...

Valentine se souleva malgré sa faiblesse, quitta son lit, se laissa tomber à genoux, joignit les mains, éleva son âme, et du fond du cœur, avec une foi ardente, implora le Dieu de miséricorde pour l'homme dont elle portait le nom...

. . . .
. . . . , ...

Le lendemain matin, vers neuf heures, Mariette entra dans la chambre de sa maîtresse qu'elle trouva pâle, mais très-calme.

— Madame, — lui dit-elle, — un des messieurs qui sont venus hier au soir est en bas...

— Que veut-il? — murmura Valentine avec un frisson, — a-t-il besoin de me parler?...

— Non, madame... — C'est un monsieur tout à fait poli... — Il tient beaucoup à ne pas importuner madame... — Il m'a chargée de demander à madame, soit l'acte de naissance de feu monsieur, soit l'acte de mariage de madame... C'est afin d'avoir les noms et les dates très-exactes pour la déclaration à monsieur le maire.

— C'est bien... attendez...

La chambre de Vogel, — (nous croyons l'avoir dit) — était contiguë à celle de sa femme.

Une porte de communication existait entre les deux pièces et l'on pouvait aller de l'une à l'autre sans passer par le carré.

Valentine, très-émue, franchit le seuil de la chambre que son mari occupait habituellement.

Elle se dirigea vers un secrétaire à l'ancienne mode, acheté d'occasion comme tout le reste du mobilier par maître Roch.

Ce secrétaire ne contenant aucun papier compromettant, Hermann n'en enlevait jamais la clef.

La jeune femme ouvrit le vieux meuble.

Une liasse assez mince, nouée d'une ficelle rouge et étiquetée: *Papiers de famille*, se trouvait sur une tablette.

Valentine dénoua la ficelle, éparpilla les feuilles timbrées, et vit que la liasse se composait de tous les actes relatifs à son mari, à la famille de ce dernier, à elle-même et à sa propre famille.

Elle constata machinalement le soin avec lequel Hermann s'était procuré les actes concernant sa belle-mère, Clotilde de Cernay, née Villars, et les ascendants de celle-ci.

— Voici ce que ce monsieur demande... — reprit

Valentine. — Vous me rapporterez ces papiers, Mariette, aussitôt qu'ils ne lui seront plus utiles...

— Oui, madame...

Et la jeune bonne sortit, emportant l'acte de naissance et l'acte de mariage d'Hermann Vogel, qui reprirent d'ailleurs leur place dans le secrétaire au bout de cinq minutes.

Vers midi, une voiture s'arrêta sur le quai du Bas-Meudon ; on entendit sonner, et la grille, en l'absence de Lambert expédié la veille à Etampes, fut ouverte par Mariette.

Le visiteur était M° Chatelet, l'élégant notaire de la rue de Choiseul.

La petite bonne le conduisit jusqu'à la porte du vestibule, le pria d'attendre un moment dans le jardin, — l'agent de police interdisant l'entrée du salon, — et monta porter à Valentine la carte du nouveau venu.

— Ce monsieur est tout à fait désolé de déranger madame dans des circonstances si tristes, — dit la petite bonne, — mais il vient pour des affaires d'importance et il désire beaucoup être reçu... — C'est un monsieur très-comme il faut, et dans le grand genre...

Valentine regarda la carte.

— Un notaire... — murmura-t-elle. — Que peut-il me vouloir ?

16.

— Faut-il amener ce monsieur ? — reprit Mariette.

— Oui, amenez-le... — répondit la veuve du caissier, et se tournant vers la petite Claire elle ajouta : — Reste auprès de moi, ma mignonne...

Un instant après, M⁰ Châtelet faisait son entrée.

Il fut surpris de l'extrême jeunesse de Valentine, de sa beauté pure et sympathique, de son apparence tout à la fois si simple et si patricienne, et il pensa :

— Raillerie de la destinée !... Cette adorable enfant mariée à un tel misérable, que peut-être elle aimait et qu'elle pleure !!... — Enfin le drôle s'est fait justice et j'apporte une consolation que j'ai tout lieu de croire infaillible...

Après ce court monologue M⁰ Châtelet répéta en termes choisis les excuses préliminaires qu'il avait fait présenter déjà par la jeune servante.

— Il s'agissait d'affaires importantes, aviez-vous dit, monsieur, — répliqua Valentine, — et j'ai dû vous recevoir.... — J'attends ce que vous allez m'apprendre, ou me demander...

— Me permettez-vous, madame, d'avoir l'honneur de vous adresser deux ou trois questions ?

— Assurément et j'y répondrai de mon mieux...

— Quel était, avant votre mariage, votre nom de jeune fille ?

— Valentine de Cernay...

— Comment s'appelait madame votre mère avant d'épouser M. de Cernay ?...

— Clotilde Villars...

— Avait-elle de proches parents ?...

— Oui, un frère...

— Connaissez-vous ce frère de votre mère... Votre oncle par conséquent ?

— Non, monsieur... je ne l'ai jamais vu... Je sais qu'il s'appelait Maurice, voilà tout, et j'ignore s'il existe encore... — Ma mère m'a parlé de lui à l'époque de la mort de mon père... J'étais une enfant toute jeune. — Depuis ce temps elle n'a plus prononcé son nom... — Un jour je la questionnai au sujet de mon oncle... — Elle ne répondit pas et m'imposa silence...

— Avez-vous en votre possession les actes établissant l'origine commune de madame votre mère et de M. Maurice Villars ? — continua Me Chatelet.

Valentine rouvrit le secrétaire, reprit la liasse et la présenta au notaire en lui disant :

— Tous mes papiers de famille sont là... — Voyez vous-même, monsieur, si vous y trouvez les actes dont il s'agit.

Le notaire feuilleta les papiers et ne tarda guère à donner des signes non équivoques de satisfaction.

— Parfait ! — s'écria-t-il au bout d'un instant. —

Tout cela est admirablement en règle ! — Qui donc a pris la peine de rassembler un dossier où rien ne manque, pas même l'acte de mariage de votre grand-père Jérôme Villars et l'acte de naissance de son fils Maurice Villars ?

— Mon mari s'en est occupé, un peu avant notre mariage, mais je ne savais pas le dossier si complet...

— Je comprends... — pensa M⁰ Chatelet, puis, désignant la petite fille qui, fort intimidée par la présence d'un inconnu, tenait Valentine par la main, il ajouta tout haut : — Je suppose, madame, que cette jolie enfant est votre sœur, mademoiselle Claire de Cernay...

— Vous ne vous trompez pas... — répliqua Valentine. — Et maintenant, monsieur, ai-je répondu à toutes vos questions ?

— Oui, madame...

— Vous n'avez plus rien à me demander ?

— Non, madame... mais il me reste quelque chose à vous apprendre...

— Quoi donc ?...

— Une nouvelle... une grande nouvelle... bien inattendue... bien surprenante... Mettez-vous donc en garde contre une émotion trop vive...

Valentine sourit avec un peu d'amertume.

— Ah ! monsieur, — dit-elle ensuite, — j'ai subi des chocs si terribles et si nombreux que rien, je crois, ne peut plus m'émouvoir... — Parlez sans crainte. — Je ne sais d'où me viendrait une joie, surtout dans un pareil moment, mais la joie comme la douleur glisserait sur moi sans m'agiter...

— Madame, — reprit Me Chatelet, — M. Maurice Villars, votre oncle, vient de mourir...

— Que Dieu donne la paix à son âme... je prierai pour lui...

— Maurice Villars était très-riche... il avait six millions...

— C'est une grande fortune en effet, avec laquelle on peut faire beaucoup de bien...

— Cette fortune est à vous, madame... à vous et à mademoiselle votre sœur... — Chacune de vous possède aujourd'hui cent cinquante mille livres de rente...

XXXVI

Valentine venait d'affirmer que rien désormais ne pouvait l'émouvoir.

Elle le prouva bien.

Ces mots prestigieux : *Cent cinquante mille livres de rente* ne firent sur elle aucune impression, même la plus faible, et nulle rougeur fugitive ne vint colorer ses joues pâles.

— Le frère de ma mère avait fait un testament?— demanda-t-elle après un silence.

— Oui, madame, monsieur Villars avait fait un testament... — répondit M⁰ Chatelet.

— Il connaissait donc notre existence? — reprit la jeune femme. — De loin, sans nous donner jamais signe de vie, il se souvenait des liens du sang qui nous unissaient à lui ?... Qu'il soit béni, non pour cet argent qu'il nous laisse, mais pour cette suprême et bienveillante pensée...

Le notaire secoua la tête.

— Hélas ! madame, murmura-t-il avec un peu d'embarras,—il m'en coûte de détruire une touchante illusion, mais je vous dois la vérité... — Votre oncle avait oublié sa sœur et les filles de sa sœur. — Le testament dont je viens de parler n'était point en votre faveur...

— Et nous héritons, cependant ?

— Oui, madame...

— Malgré le testament ?

— Oui, madame, malgré lui...

— Je ne comprends pas, je l'avoue...

— Le testament de Maurice Villars étant nul, la fortune revient à vous et à votre sœur, héritières directes.

— Le testament de mon oncle est nul ! ! ! — répéta Valentine.

— Absolument...

— Pourquoi ? — M. Villars n'avait ni femme ni enfants, je pense... — N'était-il pas libre de disposer de ses millions à sa guise ?

— Entièrement libre, si madame...

— Il pouvait donner tout à un étranger!... au premier venu?...

— Il le pouvait incontestablement...

— Eh bien?

— Eh bien! madame, nous nous trouvons en présence d'un cas singulier, très-rare, et qui peut-être même ne s'était jamais produit avant ce jour... — Pour avoir droit à l'héritage, le légataire universel de votre oncle n'avait à remplir qu'une seule condition...

— Quelle condition?

— Celle d'exister...

— Et il ne la remplit pas?

— Non.

— Je comprends de moins en moins... — murmura Valentine. — Comment ce que vous dites peut-il être possible?...

— Maurice Villars avait un ami dont il ignorait le nom véritable... — reprit le notaire. — Il a légué sa fortune à cet ami désigné dans le testament sous son nom de fantaisie, le seul qu'il connût... — De là, nullité absolue, indiscutable, je le répète...

En écoutant cette explication, la jeune femme avait la tête penchée sur sa poitrine.

Quand le notaire eut achevé, elle la releva.

— Vous avez raison à votre point de vue, monsieur... — dit-elle. — Il est certain pour vous que le testament est sans valeur, mais il est non moins certain pour moi que la dernière volonté de mon oncle doit être respectée et accomplie, quelle qu'elle soit, même si la loi permet de méconnaître et de transgresser cette volonté... — Je renonce à l'héritage en ce qui me concerne, et je prétends que ma part aille tout entière à l'héritier que mon oncle a voulu désigner... — S'il existe à cela un empêchement légal, je toucherai les trois millions, mais ces millions ne feront que passer dans mes mains pour aller à leur destination primitive...

M⁰ Chatelet s'inclina avec une sympathie profonde devant cette jeune femme dont le désintéressement touchait à l'héroïsme, et qui parlait avec tant de simplicité d'une action si grande.

— Permettez-moi,—dit-il, — permettez-moi, madame, de rendre un hommage sincère à votre abnégation sublime... mais le généreux sacrifice auquel je vous vois prête ne saurait avoir lieu.

— Pourquoi?

— Pour la meilleure de toutes les raisons. — Le légataire de votre oncle n'existe plus.

— Il est mort ! — s'écria Valentine.

M⁰ Chatelet répondit par un signe affirmatif.

— C'est la vérité, cela, monsieur?

— Je vous en donne ma parole d'honneur, madame.

La jeune femme réfléchit pendant une seconde, puis elle murmura :

— Et quand est-il mort ?

— Il y a quelques heures à peine.

— Étrange coïncidence ! ! ! — s'écria Valentine ; et regardant le notaire bien en face, les yeux dans les yeux, elle demanda :

— Mon mari était-il l'ami de mon oncle Maurice Villars ?...

— Oui, madame...

— Il me l'avait caché ! ! !... — Mon oncle savait-il le nom de mon mari ?

— Non, madame... Il ne connaissait de lui que son nom de guerre... il croyait qu'Hermann Vogel s'appelait véritablement le baron de Précy...

— Et c'est au baron de Précy que M. Villars ?...

Valentine n'acheva pas, mais elle en avait dit assez.

— C'est à lui que M. Villars a laissé tout... — répliqua le notaire.

— Et mon mari connaissait le testament et savait qu'il était nul ?...

— Oui, madame...

— Vous en êtes sûr ?

— On ne saurait l'être davantage... — C'est moi qui lui en ai appris l'existence et la nullité...

— Et sans doute cette déception terrible l'a poussé à un acte de désespoir...

— Peut-être en effet, mais d'autres raisons, plus terribles et plus impérieuses encore, l'y poussaient en même temps...

— D'autres raisons ?... Lesquelles ?...

M⁰ Chatelet garda le silence...

— Lesquelles ? — répéta Valentine. — J'ai droit de tout savoir... — Parlez, monsieur, je vous en supplie... parlez et ne me cachez rien... — Ces actes punissables dont Hermann s'accusait dans le billet suprême qu'on a mis sous mes yeux... Ces actes qui, disait-il, ouvraient devant lui les portes du bagne et le contraignaient à choisir entre la mort et le déshonneur public... Ces actes, vous les connaissez, et je veux les connaître...

— A quoi bon? — murmura le notaire.

—Comment, à quoi bon?—répéta la jeune femme. —Mais à tout réparer, si la réparation est possible !!! Qu'avait fait mon mari? — Pourquoi les gens de la police venaient-ils le traquer ici? — Pourquoi m'a-t-il abandonnée en se tuant?...

— Vous m'ordonnez de ne rien vous taire ?

— Je n'ordonne pas... je conjure...

— Eh bien, madame, l'infortuné dont vous êtes la veuve avait, paraît-il, de grands besoins, des fantaisies folles, des goûts de plaisir capiteux et de luxe effréné. — Pour subvenir à de si coûteuses passions, il fallait de l'argent, il en fallait beaucoup, il en fallait à tout prix... — Hermann Vogel eut recours à des ressources criminelles que sa position de caissier d'une maison de banque mettait à sa portée...

— Il devint faussaire, ou complice de faussaire, ce qui revient au même...

Valentine cacha dans ses mains son beau visage empourpré.

— Ainsi, — demanda-t-elle ensuite, — ainsi, le banquier Jacques Lefebvre a été victime de sa confiance en mon mari ?

— Oui, madame...

— Les sommes... détournées de cette façon sont-elles considérables ?...

— On ne sait pas encore le chiffre positif, mais on suppose que le total doit approcher de cent mille écus...

— Eh bien ! monsieur, en me quittant, — je vous demande cela comme une grâce, — allez trouver Jacques Lefebvre et annoncez-lui que, quelle que soit l'importance des détournements commis à son préjudice, il sera remboursé par moi d'une façon intégrale, le jour même où je pourrai disposer de cette fortune qui, dites-vous, m'appartient... — Ce jour est-il proche?

— Oui, madame... Il s'agit de prouver que le testament est nul et que vous êtes héritière ; or, tous les éléments se trouvant dans nos mains, cette preuve aura lieu sans retard... Le tribunal ordonnera aussitôt l'envoi en possession, et vous serez millionnaire...

— Et Jacques Lefebvre sera payé! — s'écria Valentine — et personne au monde n'aura le droit de dire qu'Hermann Vogel était un voleur!!!...

FIN DU TROISIÈME VOLUME DES DRAMES DU MARIAGE.

F. Aureau. — Imprimerie de Lagny.

www.ingramcontent.com/pod-product-compliance
Lightning Source LLC
Chambersburg PA
CBHW071126160426
43196CB00011B/1814